Katja Jungwirth • Meine Mutter, das Alter und ich

Katja Jungwirth

Meine Mutter, das Alter und ich

Wahre Geschichten

Mit Illustrationen von Melanie Haas

www.kremayr-scheriau.at

ISBN 978-3-218-01211-9
Copyright © 2020 by Verlag Kremayr & Scheriau GmbH & Co. KG, Wien
Alle Rechte vorbehalten
Schutzumschlaggestaltung, typografische Gestaltung und Satz:
Sophie Gudenus, Wien
Alle Illustrationen: Melanie Haas
Lektorat: Marilies Jagsch
Druck und Bindung: Christian Theiss GmbH, St. Stefan im Lavanttal

Für meine Kinder
Timna, Timotheus, Marie und Stanislaus

Inhalt

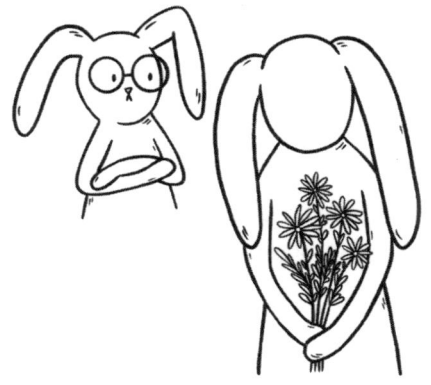

Jeder Tag ist Muttertag

M utter, ich habe dich wirklich sehr lieb, aber …"
Es ist dieses „Aber", das die Geschichten schreibt.

„Ich habe dich wirklich sehr lieb, aber jetzt reiß dich einmal zusammen." Wer traut sich das schon zu seiner Mutter sagen? Vor allem nach einem täglichen „So schlecht wie heute ist es mir noch nie gegangen". Mutter ist krank. Sehr krank.

Niemand wird plötzlich alt. Aber eine Krankheit bricht oft unerwartet in eine Familie ein und schüttelt alle Rollenbilder durcheinander. Ich soll ahnen, wie es ihr heute geht, darf mir meine eigenen Gefühle nicht anmerken lassen und muss doch den richtigen Ton finden, um sie zu bedauern. Ein ständiger Spagat und ein immer wiederkehrender Widerspruch.

An einem Tag möchte sie nicht mehr weiterleben und sich in ihr vorbereitetes Grab legen und am nächsten Tag einen Einkaufsbummel durch die Stadt machen.

Ich muss Entscheidungen treffen, Hindernisse aus dem Weg räumen und Hürden für sie bewältigen. Aber letztlich ist meine Mutter eine eigenständige Person mit einem starken Willen. Sie ist nur körperlich auf einmal stark eingeschränkt. Ich kann nicht mehr tun, als sie zu begleiten und ihr dabei helfen, möglichst lange das Gefühl zu erhalten, doch irgendwie noch unabhängig zu sein.

Nicht mehr mit der Welt „da draußen" mithalten zu können und als krank und alt wahrgenommen zu werden, ist schmerzhaft. Sie trauert und bedauert die hilflose Frau, die sie geworden ist. Sie möchte allein in ihrer Wohnung leben, fühlt sich aber von allen verlassen und einsam.

Ich bin, wie in Kindertagen, nach Jahrzehnten wieder eng mit ihr verbunden. Nur haben sich unsere Rollen vertauscht. Könnte man meinen. Denn im Alltag lassen sich festgefahrene Muster schwer abstreifen. Ich bleibe das Kind, das immer ein wenig Angst vor der strengen Mutter hatte. Und sie bleibt die Frau, die gewohnt ist, Befehle zu erteilen.

„Du spürst mal wieder gar nichts", ist ein schnell hingeworfener Satz, der einem als Tochter den Boden unter den Füßen wegzieht. Ich habe vier Kinder, einen alten Hund, ein eigenes Leben, doch plötzlich ist jeder Tag ein Muttertag.

Das Grab

Mutter will ein Grab. Warum also nicht mit dem Ende anfangen?

Sie will in der Stadt begraben werden, in der wir alle leben. Ich fahre mit zwei meiner Kinder zum größten Friedhof. In der Friedhofsverwaltung wird uns ein Lageplan ausgehändigt, auf dem die freien Gräber markiert sind. Wir versuchen, unsere Beklemmung zu ignorieren und kreisen ungefähr zehn in Frage kommende Stellen rot ein. Dann marschieren wir los.

Bäume … Bäume hat sie doch immer schon gemocht, und ein Grab unter der mächtigen Eiche, das wäre doch was. Oder hier am Waldrand. Vorne duftende Wiese und dahinter der beschützende Wald …

Wir steigern uns richtig hinein, jeder hat Ideen und findet ein noch schöneres, freies Platzerl. Für das Grab. Meiner Mutter. Die daheim sitzt und auf uns wartet.

Drei Favoriten zeigen wir ihr, festgehalten auf dem Plan und auf Fotos. Sie schwankt zwischen Wald und Wiese und einer schmalen Grabstätte in der Nähe des Ehrenhains, also dort, wo viele Ehrengräber liegen. Das muss sie nun doch vor Ort selbst entscheiden.

Mit dem Rollator fährt es sich zwar schwer am Kies zwischen den Grabreihen, aber wir schaffen es. Rechts hinein, beim Philosophen Ludwig Wittgenstein vorbei … und … jö, schau! Da drüben ist der Erwin Ringel, den hat sie immer schon sehr geschätzt. Sie fühlt sich hier sofort wohl. Nicht unter der einsamen Eiche, sondern inmitten der vielen, engen Grabreihen möchte sie liegen. Weil allein, sagt sie, das ist sie jetzt eh die ganze Zeit schon. Wir entscheiden uns also für 33 E, Reihe 6, Nummer 14.

Der Friedhofsverwalter sieht es sehr nüchtern. Zu den üblichen Kosten kommt ein Lebenszeitzuschlag, und außerdem empfehle er der gnädigen Frau, doch das Grab gleich auf die Tochter schreiben zu lassen, dann braucht man es später nicht übertragen.

Die Nummer 14 ist knapp 180 × 80 cm klein, mit Gras bedeckt, das ich nun regelmäßig mähen müsste, sollten wir uns nicht gleich für eine Steineinfassung und einen Grabstein entscheiden.

Das geht mir jetzt doch zu weit. Mutter überlegt kurz, einen Rosenstock auf das noch leere Grab pflanzen zu lassen oder Vergissmeinnicht („meine Lieblingsblumen"). Aber das hat doch wirklich noch Zeit. Ein leeres Grab herzurichten, käme mir wie ein Aufbetten, ein Bereitmachen vor. Mutter ist zufrieden. Der Ausflug hat sich für sie ausgezahlt.

„Weißt du", sagt sie dann in der Friedhofskonditorei bei Kaffee und Torte, „dieses Grab ist ideal für mich."

Gut erreichbar, weil es nicht weit vom Eingangstor entfernt ist – wo sie doch ohnehin so schlecht zu Fuß sei …

Das Medikament

D a sitzt ein großer, schwarzer Vogel auf den Schultern meiner Mutter und verdeckt mit schweren, dunklen Flügeln jede Realität.

Sie liegt im Bett, mag nicht aufstehen, mag nicht essen, mag nicht leben. Aber da ist noch ein Funken schlechten Gewissens in ihr und ich ahne es längst: Sie hat, wieder einmal, ihr Psychopharmakon selbstständig abgesetzt.

Medikamente werden von meiner Mutter grundsätzlich nur nach ihren Nebenwirkungen beurteilt. Und die fangen meist schon beim Durchlesen des Beipacktextes an: Schwindel, Kopfschmerzen und Übelkeit. Aufgrund ihrer chronischen Erkrankung muss sie alle drei Stunden ein Präparat einnehmen, das die Beschwerden lindert und den Alltag erträglicher macht. Dieses schluckt sie mit der Sorgfalt und der Präzision der Pharmazeutin, die sie einmal war. Aber leider hat ihre Erkrankung auch einen ständigen Begleiter: die Depression.

Und keines der von den Ärzten empfohlenen Psychopharmaka entspricht ihren Vorstellungen. Es sind nur die Nebenwirkungen, die für sie zählen. Zwar ist sie gelassener, hat aber Kopfschmerzen, die Panik ist weg, doch stattdessen stellt sich Schwindel ein.

Es ist ein immer wiederkehrender, fast monatlicher Rhythmus: Sie denkt an ihr durch Krankheit eingeschränktes Leben, hadert mit dem Schicksal, beugt sich immer weiter dem Abgrund entgegen und würde sich am liebsten sofort fallen lassen.

Der in meiner Panik gerufene Neurologe verschreibt ein Antidepressivum, das sie mindestens acht Tage lang schlucken muss, bis eine Wirkung eintritt. Nach zwei Tagen hat sie das Gefühl, ihr Dasein besteht nur aus einer Woge von Übelkeit und Schmerzen. Nach einer Woche tritt merkliche Besserung ein. Ich bin erleichtert. Wir plaudern, gehen spazieren. Doch nach drei Wochen wirkt die Stimme am Telefon dunkler, leiser. Besuch will sie nicht. Die ersten paar Male habe ich mich vertrösten lassen.

Es ist schwer, alte Muster zu durchbrechen. Da ist die Mutter, die sagt: „Das passt schon." Und da ist das Kind, das vertraut.

Aber auf einmal merkt man, da passt gar nichts. Die starke Mutter gibt es nicht mehr. Da liegt ein kleiner, hilfloser Mensch im Bett und man steht genauso hilflos davor. „Hast du alle deine Medikamente genommen?" Die Frage kommt mir schrecklich intim vor, fast ungehörig. Dann, mit der Zeit, wird mir klar: Sie durchleidet die erste Woche mit dem Psychopharmakon, und sobald sich eine geringe Besserung einstellt, setzt sie es ab. Glücklich, ohne die üblichen Nebenwirkungen, geht es noch ein paar Tage dahin – bis sich der große, schwarze Vogel wieder festkrallt.

Wieder wird der Arzt gerufen, wieder wird ein Mittel verschrieben, andere Marke, geringere Dosis. Aber ihr Verhalten ändert sich nicht. Es bleibt alles beim Alten: Sobald der Wirkstoff greift, sich ein wenig Lebensfreude einstellt, hört sie auf, die Tabletten zu schlucken.

Wir haben lange Gespräche über den Sinn des Lebens und den Tod. Ich kann als ihr Kind nicht verstehen, dass ich allein nicht genug Lebenssinn für sie bin. Ich bin gekränkt. Andererseits habe ich meine Mutter doch immer bewundert für ihre Selbstständigkeit zu einer Zeit, als es für eine Frau noch nicht üblich war, voll berufstätig zu sein und Kinder zu haben. Sie hatte immer ein Leben neben der Familie. Ein Leben, das sie nun eben vermisst.

Wir bekommen das von ihr abgelehnte Medikament irgendwie in den Griff: Sie schluckt eine mikroskopisch kleine Dosis, und wenn sich der Abgrund trotzdem auftut, Panik sich breitmacht, das Herzklopfen nicht aufhört, greift sie zu pflanzlichen Tropfen, die ihr das Gefühl geben, ihr Leben wieder zurückzubekommen – zumindest für den Moment.

Frau Troll

Stell dir vor", sagt meine Mutter, „du wachst in der Früh auf, und vor deinem Bett steht eine wildfremde Person."

Erschreckende Vorstellung. Da stimme ich ihr zu.

Nach einem Sturz und einem längeren Krankenhausaufenthalt soll nun regelmäßig in der Früh jemand vorbeikommen, um ihr beim Waschen, Ankleiden und Frühstückmachen zu helfen. „Und um zu sehen, ob ich die Nacht überhaupt überlebt habe", sagt Mutter.

In der Stadt gibt es etliche Hilfsorganisationen und wir entscheiden uns für die Heimhilfe einer großen, bekannten Organisation. Beim Evaluierungsgespräch, bei dem festgestellt werden soll, wie viel Hilfe sie wirklich benötigt, wirkt meine Mutter eloquent, wach und sehr selbstbewusst. Das ist mir fast peinlich. Sollte sie nicht irgendwie hilfsbedürftiger, abhängiger wirken?

Sie diktiert dem zuständigen Herrn ihre Vorstellungen: nicht zu früh, gegen neun Uhr, mit Frühstücksgebäck, fünfmal die Woche.

An der Wohnungstür wird ein Schlüsselsafe montiert. Grundsätzlich eine gute Idee, auch für Familienmitglieder. So muss sie nicht jedes Mal aufstehen, wenn es an der Türe klingelt. Die meisten Heimhelfer holen mit dem Nummerncode den Schlüssel aus dem Safe, sperren die Wohnungstüre auf, tasten sich durch die fremde, dunkle Wohnung zum Schlafzimmer vor und bleiben abwartend vor dem Bett stehen. „Kennst du das", fragt Mutter, „wenn du spürst, dass da wer steht und dich anschaut?"

Nicht so bei Frau Troll. Bei Frau Troll ist alles anders. Frau Troll schreit schon, während sie die Türe öffnet, laut und kräftig „Guten Morgen, Frau Magistaaaaa!" in die stillen Zimmer hinein.

„Zum Tote Aufwecken", kommentiert Mutter trocken.

Frau Troll hat große Erfahrung in der Altenpflege. Mit

geübten Handgriffen zieht sie meine zarte, kleine Mutter aus dem Bett, aus dem Nachthemd, ins Bad und in die Dusche, in scheinbar einer einzigen, fließenden Bewegung.

Und dann bleibt sie neben der Dusche im engen Bad stehen. Auf die Bitte meiner Mutter, ihr entweder beim Duschen zu helfen oder das kleine Bad zu verlassen, reagiert sie ungehalten. Helfen darf sie nicht, sie darf nur aufpassen. Und um die Zeit nicht unnütz vergehen zu lassen, wischt sie mit einem Putzfetzen am Waschbecken und an den Armaturen herum, während Mutter versucht, mit dem Rücken zu ihr in der schmalen Duschkabine mit Waschlappen und Seife zurechtzukommen. Das passt gar nicht. Nach drei Troll-Tagen ruft Mutter bei der Organisation an und verringert die Heimhilfe auf zweimal die Woche.

Ab und zu kommen Aushilfen. Das heißt, in den Augen meiner Mutter schleicht eine „wildfremde" Person an ihr Bett heran und schaut sie abwartend an. Erst, wenn sie sich vom Schreck erholt hat, kann mit der Körperpflege begonnen werden. Meist aber wird sie von Frau Trolls Kasernenton geweckt.

Die Nerven liegen blank. Sie braucht oft den ganzen Tag, um sich von einem Troll-Morgen zu erholen. Das kann so nicht weitergehen.

Sie möchte anrufen und um eine Ablöse bitten. Jemand Netten möchte sie, jemanden, der leise und zart mit ihr umgeht, der sich langsam bewegt und der vor allem nicht immer so schreit. Nach langem Zögern greift sie zum Telefon. „Das wird schwierig", heißt es bei der Zentrale, „weil aussuchen kann man sich die Heimhilfen nicht." Aber man wird versuchen, jemand anderen als die wirklich sehr erfahrene Frau Troll zu finden, sagen sie. Zwischen den Zeilen aber kommt klar hervor: Das werden Sie bitter bereuen. Zumindest nimmt es meine Mutter so wahr, denn augenblicklich stellt sich Panik ein. Was ist, wenn jemand kommt, der noch weniger passt?

„Ich schmeiße die Scheiter weg und bekomme einen Prügel zurück."

Und was ist das Ende dieser Geschichte? Sie will gar keine „wildfremde" Person mehr in ihrer Wohnung haben. Keine Heimhilfe, keine Duschhilfe, kein frisches Frühstückskipferl. Und der Schlüsselsafe vor der Wohnungstüre macht ihr auch Angst. Der Nummerncode wäre jetzt so vielen Leuten bekannt, befürchtet Mutter. Jeder könnte sich da in die Wohnung schleichen.

Also wird alles abbestellt und der Schlüssel aus dem Kästchen neben der Wohnungstür entfernt. Trotzdem wacht sie oft noch mit einem mulmigen Gefühl auf: Da ist jemand, da steht wer vor ihrem Bett und wartet …

Das Backrohr

Das Backrohr ist kaputt. Das ist ein kleines Gerät, separat aufzustellen und sehr praktisch zum Aufbacken oder Wärmen von Speisen, wenn man eine Mikrowelle aus Prinzip ablehnt.

Nun ist es kaputt.

Ich fahre in einen Elektromarkt, auf dem Handy ein Foto vom alten Ofen. Mein Auftrag ist ganz klar: ein neues Gerät, wenn möglich das ganz gleiche Modell, zu erstehen.

Gibt es natürlich nicht.

Ich bin mutig und nehme ein ähnliches, zahle, stemme ungefähr elf Kilo hoch und zerre das Teil in die nächste U-Bahn. Unhandlich, schwer, der Karton kurz vorm Aufplatzen. In der knallvollen U-Bahn ist kein Sitzplatz frei. Während ich, die Schachtel zwischen die Beine geklemmt, an der geschlossenen Tür lehne, frage ich mich, was meine Mutter wohl zu diesem Einkauf sagen wird.

Grundsätzlich ist es sehr schwer, für sie das Passende zu finden. Sie hat immer eine bestimmte Vorstellung. Und es ist fast nie möglich, dieser zu entsprechen.

Ich stell mir vor, wie ich mit dem schweren Karton aus dem Lift steige und vor ihrer Wohnungstüre stehe. Ich sehe, wie sie die Türe öffnet, das Gesicht vor Enttäuschung verzerrt. Ich höre das gezogene „Na geeeh … soo groß, ich wollte ein kleines Backrohr".

Ich sehe mich die große Schachtel in den Vorraum schieben, innerlich bereit für das Wortgefecht. Ich stelle mir vor, das Elektrogerät aus dem Karton zu heben. Plötzlich ist es gar nicht mehr viel zu groß, aber es hat die falsche Farbe. „Weiß? Oje, ich wollte gerne grau."

In Gedanken stelle ich es auf den vorgesehenen Platz. Es passt nicht genau, es ragt ein bisschen weiter hervor als das alte Backrohr. „Na, das geht gar nicht, so hab' ich mir das nicht vorgestellt. Was mache ich damit nur? Und so viele Knöpfe. Ich wollte ein ganz einfaches Backrohr", schimpft sie unglücklich, und ich sehe mich dann türknallend die Wohnung verlassen.

Ich male mir die Szenerie bis ins kleinste Detail aus. Ich höre ihre Sätze, ich sehe ihr enttäuschtes Gesicht. Es wird so sein wie immer. Ich habe das Falsche besorgt und sie ist verzweifelt.

Und als ich dann wirklich vor ihrer Türe stehe, bin ich gewappnet und bereit, mir ihre Worte nicht gefallen zu lassen. Ich klingle und schiebe schweigend den schweren Karton in den Vorraum. „Du Arme, so schwer. Und das alles nur für mich … Ach, wie freu ich mich auf das neue Backrohr. Oh, es ist wunderschön, ich wollte genau diese Farbe. Danke, du bist die Beste!"

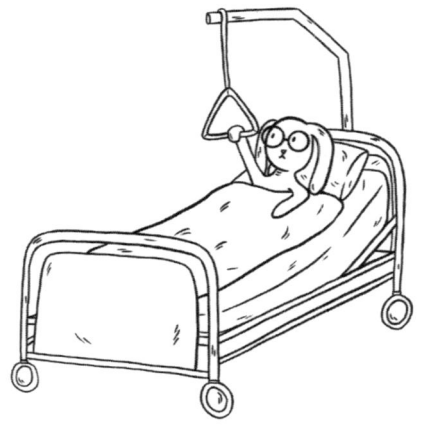

Das Bett

Machen Sie Ihre Wohnung fit. Barriere- und angstfrei durch den Alltag.

Von Anziehhilfen für Socken und Strümpfe bis zum Hebekran für Bett und Bad. Die Angebote der einschlägigen Firmen lassen mich staunen: Kopfwaschwanne aufblasbar, Trinkbecher Nightwatch (fluoreszierend) oder ein Universalgriff für alle Drehknöpfe im Haus.

Lieber als die Wohnung hätte ich meine Mutter fit. Der

Alltag ist mühsam für sie. Kleine Handgriffe sind oft ein großes Problem.

Daher soll die Wohnung adaptiert werden. Wir durchstöbern Kataloge und tauchen gemeinsam ein in die uns gänzlich unbekannte Welt des Heilmittelbedarfs.

Fangen wir mit dem Dringlichsten an. Mit der Toilette. Es gibt unheimlich praktische Toilettensitze: so hoch, dass man bequem auf- und absteigen kann, mit zwei großen hochklappbaren Griffen links und rechts.

Den kann ich sogar selbst montieren. Mutter geniert sich. Dieser Toilettensitz ist eine wirkliche Erleichterung für sie, trotzdem soll ich ihn wieder abbauen. Die Sorge: Ihre Besucher würden glauben, sie sei auf solche Hilfsmittel angewiesen.

„Total peinlich", findet sie.

„Aber du bist ja darauf angewiesen", entgegne ich. Das hört sie gar nicht gerne. Zwei Tage Schweigen.

Am dritten Tag hat sie sich so sehr an den Toilettenaufbau gewöhnt, dass von Abbau keine Rede mehr ist.

Falls es in der Nacht einmal schnell gehen muss, besorgen wir auch eine Zimmertoilette. Spontan taufen wir dieses Teil „Louis Quatorze", denn es ist ein wahrhaft königlicher Sessel: royalblau mit goldenen Ornamenten. Gut, die Sitzfläche ist aus grobem Kunstleder und die Ornamente sind aus Plastik, aber dieser Sessel kaschiert sein wahres

Geheimnis gut: nämlich den grauen Eimer, der unter der Sitzfläche versteckt ist. Auf Schienen, zum leichten Hinein- und Hinausschieben.

„Grauenhaft", sagt meine Mutter. Niemals wird sie den verwenden. Zurzeit steht „Louis Quatorze" tatsächlich in einem ungenützten Zimmer als Kleiderablage.

Das Bett ist eine große Schwachstelle. Ein Krankenbett muss her, mit Aufstehhilfe und einem von einem Motor angetriebenen beweglichen Kopf- und Fußteil.

Da sie bis jetzt in einem breiten Bett geschlafen hat, möchte sie auf diesen Komfort nicht verzichten. Kranken- betten gibt es aber oft nur als Einzelbetten. „Die breiten Betten werden für besonders große, breite und auch schwe- re Menschen bestellt", werde ich im Fachhandel aufgeklärt. Und zurzeit sind keine solchen Betten verfügbar.

Ich mache eine Firma in einem benachbarten Bundes- land ausfindig, die zwar recht schnell liefert, aber leider in Einzelteilen. Und es dauert Stunden, bis das breite Bett zu- sammengebaut ist.

Es würde ins Schlafzimmer passen, aber durch die unge- wohnt hohen Kopf- und Fußteile wirkt das Zimmer plötz- lich eng und dunkel. Das Wohnzimmer wird adaptiert und wir bauen in einer Ecke einen kuscheligen Schlafplatz hin- ter einem Paravent. Das geht ein paar Nächte gut.

„Weißt du", sagt meine Mutter, „ich vermisse mein kleines Schlafzimmer. Ich hätte doch auch gerne ein Krankenbett dort." Plötzlich ist die Bettbreite kein Thema mehr. Sie gibt sich auch mit einem Einzelbett zufrieden. „Das Wohnzimmerbett ist viel zu breit. Ich lieg ja eh nur auf der einen Seite".

Wir bestellen ein zusätzliches Einzelbett. Es wird von einem netten, älteren Herrn geliefert und aufgebaut. Für wen das zweite Krankenbett denn sei, fragt er, er sehe nicht einmal einen Kranken hier.

Mutter ist fassungslos. Ob denn nicht klar ersichtlich wäre, wie krank sie sei?

Der nette Herr sieht eine zarte, ältere Dame vor sich, mit sorgfältig hochgestecktem, weißem Haar, Perlkette und weichem, farblich abgestimmtem Pullover. Sie steht vor ihm, frei, ohne Stock oder Rollator, lächelt ihn scheu an und schwankt zwischen Freude und Beleidigtsein.

Freude darüber, dass sie offensichtlich noch so jung und fit wirkt. Beleidigt ist sie aber dennoch. Denn auch, wenn man es ihr meist äußerlich nicht ansieht, ist sie krank. Und als Kranke möchte sie auch von allen wahrgenommen und vor allem respektiert werden.

Das Herz

I ch hab' so Herzklopfen."

„Na Gott sei Dank klopft es noch."

Meine Antwort mag ein wenig flapsig und rüde klingen. Aber es ist ein Wortwechsel, den wir oft führen. Nämlich genau so: „ Ich hab' so Herzklopfen", sagt meine Mutter, und ich antworte immer gleich: „Na Gott sei Dank klopft es noch."

Dann grinst sie und schon klopft es leichter. Das war nicht immer so. Vor längerer Zeit hatte meine Mutter Herzbeschwerden. Enge in der Brust. Schwierigkeiten beim

Atmen. Das Herz raste ihren Angaben zufolge durchgehend. Das machte ihr – zurecht – Angst. Wir suchten einen Spezialisten auf und sie ließ unzählige Untersuchungen über sich ergehen. Das Resultat war beruhigend. Dem Herzen fehlt nichts. Es ist gesund und stark. Es muss an etwas anderem liegen.

Nach diesem Ergebnis war längere Zeit keine Rede mehr von Enge in der Brust und Atemnot. Bis es wieder anfing. Das Klopfen. Das Klopfen war so stark, dass es nicht möglich war, ihr Gefühl, dass da etwas nicht stimmt, zu ignorieren.

„Ich habe so Herzklopfen."

Es geht einher mit Panik. Mit Angst. Es beginnt mit der Ankündigung eines Besuchers, eines Handwerkers oder auch nur mit der Vorstellung, die vertraute Wohnung, das Zimmer, das Bett verlassen zu müssen. Manchmal ist es auch nur die Einsamkeit. In der Stille der Wohnung ist es besonders laut zu hören, das Herzklopfen.

Tabletten sollen helfen. Die übliche Dosis Psychopharmaka hilft da aber in ihren Augen gar nicht. Pflanzliche Tropfen sind schon besser. Wie die allseits beliebten „Notfalltropfen", von denen sie immer ein Fläschchen griffbereit hat.

Wie reagiert man auf ein Symptom, das keine Krankheit zur Ursache hat, aber als solche behandelt werden will? Wie schafft man es, bei der Verkündung „Da ist was mit dem Herz nicht in Ordnung, das klopft so stark", ruhig und sachlich zu bleiben? Das Wissen im Hinterkopf, dass das Herz OK sein muss, da das die Untersuchungen so ergeben haben, hilft sehr. Aber natürlich nagt ein kleiner Zweifel an mir: Was ist, wenn sie recht hat? Was ist, wenn das Herz zwar vor längerer Zeit gesund war, jetzt aber nicht mehr?

In diesen Situationen lässt sich meine Mutter zum Glück jedes Mal beruhigen. Mit Zureden: „Setz dich hin, trink einen Schluck Tee, du schaffst das schon." Oder mit Erklären: „Schau, du bist aufgeregt, weil Frau X heute kommen will. Da ist es ganz normal, dass du nervös bist."

Fast immer ist die einfachste Erklärung die richtige: Entweder es ist die Panik vor einer Veränderung im Alltag oder es ist die Angst, dass sich am Alltag nichts ändert.

In jedem Fall hat sie Herzklopfen. Und Gott sei Dank klopft es.

Das Wetter

U nd du spürst wieder einmal gar nichts." Dieser schnell hingeworfene Satz lässt mich in Sekundenschnelle zu einem gefühllosen Wesen mutieren. Nur diese paar Worte und ich bin kalt, unempfindlich und ignorant gegen alles, was um mich herum passiert.

Manches Mal tarnt sich diese Feststellung auch als Frage: „Du spürst nichts, oder?" Eine Frage, die Mutter sofort gleich selbst beantwortet: „Na, eh klar, du hast ja keine Vorstellung davon."

Damit bin ich ein für alle Mal ausgeschlossen aus dem eingeschworenen Kreis der Wetterfühligen. Ob Anitas Hoch oder Klaus' Tief, Mutter spürt sie alle. Meist schon bevor sie auf unseren Wetterkarten aufscheinen. Das macht mich ein bisschen misstrauisch.

An manchen Tagen hat niemand Zeit, im Kühlschrank sind nur drei Eier und das Fernsehprogramm spielt Wiederholungen. Da höre ich schon beim morgendlichen Telefonat: „Ich weiß nicht, was heut ist, mir ist so komisch." Ich warte ab, denn wie das Amen im Gebet folgt nun der Satz: „Du spürst nichts, oder?"

Unabhängig davon, ob es stürmt oder mild und warm ist, das Wetter macht Mutter zu schaffen. Und zwar meist, wenn niemand bei ihr ist, und oft, wenn sonst nichts passiert. Oder ist das nur Zufall?

Ich habe mich erkundigt: Es gibt keinen kausalen, medizinischen Zusammenhang zwischen Wetter und Wohlbefinden. Trotzdem spricht man von Meteoropathie - der Wetterfühligkeit.

Es ist ja gut, wenn das Kind einen Namen hat. Ich habe Klaustrophobie, meine Tochter Agoraphobie. Mir ist schon klar, es ist nicht ganz dasselbe. Phobien kann man aus dem Weg gehen, das Wetter kann ich schwer vermeiden.

Ich habe Mutter beobachtet, um eine Regelmäßigkeit herauszufiltern. Sie leidet bei großer Hitze an Kopfweh, bei starker Kälte an Gelenksschmerzen. Ist es föhnig, kommt der Schwindel, bei Luftdruckschwankungen schwankt sozusagen alles. Bei Gewitter tobt es im Kopf, bei anhaltendem Regen macht ihr die Feuchtigkeit zu schaffen. Besonders schlimm ist es beim Wechsel von einem Wetterextrem ins andere. Aber auch, wenn längere Zeit gleichmäßige Temperaturen herrschen, wirkt sich das auf irgendeine Weise auf ihr Wohlbefinden aus.

Das Wetter ist natürlich ein dankbarer Sündenbock, denn irgendetwas ist immer. Ich muss meinen Bruder zitieren, der sagt: „Egal, ob Meteoropathie existiert oder nicht, sie fühlt es so, und basta."

Er hat leicht reden. Der Satz „Du spürst wieder nichts, oder?" perlt bei ihm ab. Nur mich umhüllt er wie eine nasse Regenpelerine, zieht mich hinunter wie das Sturmtief Heinz, peitscht mich hoch wie Orkan Eberhard, um mich zu beuteln wie der Hagel Franz.

„Ich spür es eh, Mutter ..."

Der Besuch

D er schönste Besuch ist der, den man kurzfristig abge-
sagt hat", meint Mutter. Das muss sie mir erst einmal
erklären.

Sie lebt allein. Das möchte sie auch. In jungen Jahren hat
sie die klassische Vater-Mutter-Kind-Konstellation gelebt,
um dann in der zweiten Ehe auf getrennte Wohnungen zu
bestehen. Die persönliche Tagesstruktur, die freie Entscheidung für die Mahlzeiten, die Freizeit, das ist ihr bis heute
wichtig.

Aber ein nur auf die eigenen vier Wände reduzierter Alltag ist etwas ganz anderes als ein seliges Durchschnaufen nach einem langen Arbeitstag.

Sie ist einsam. Sie fühlt sich einsam. Einsam sein heißt für sie, am Abend allein schlafen zu gehen und in der Früh allein aufzuwachen. Unabhängig davon, wie der Tag verlaufen ist.

So bekomme ich abends oft noch einen Anruf. „Es ist so still." – „Aber ich bin doch grad eben erst weggegangen." – „Ja, es war nett mit dir, aber jetzt, jetzt ist es so still hier."

Oder ich sitze noch beim Kaffee mit ihr und sie sagt ganz unvermittelt: „Nun bin ich schon traurig, weil du bald gehst und ich werde gleich alleine sein." In solchen Augenblicken ist es sehr schwer, aufzustehen, seinen Mantel anzuziehen und nach Hause zu gehen. Ich möchte bleiben. Ich möchte aber auch flüchten. Davonlaufen vor der Traurigkeit, für die ich mich verantwortlich fühle, vor der Einsamkeit, die ich ja scheinbar durch mein Weggehen verursache.

Das Angebot, zu mir zu ziehen, lehnt sie nach wie vor ab. Sie möchte sich ihre Unabhängigkeit beibehalten. Das ist ja grundsätzlich sehr lobenswert. Nur: Durch ihre (scheinbare) Unabhängigkeit wird meine Abhängigkeit immer größer.

Andere Familienmitglieder besuchen sie auch. Nicht untereinander abgesprochen, wodurch sich oft skurrile Situationen entwickeln. „Ich war seit einer Woche nicht auf der Straße", höre ich von Mutter und bin sofort alarmiert und bekomme ein schlechtes Gewissen. Es stellt sich jedoch schnell heraus, dass sie am Vortag sehr wohl spazieren war, wenn auch nur ganz kurz, wie sie betont. „Er war nur ein kleines Viertelstündchen da", heißt es dann von einem anderen Besuch. Nach Rücksprache stellt sich jedoch heraus, dass es nicht ganz so war, wie sie es erzählt. Es ist nicht die Vergesslichkeit des Alters. Ihr Geist ist wach. Was ist es dann? Möchte sie jedem Einzelnen von uns das Gefühl geben, unersetzlich zu sein? Oft denke ich, sie spielt uns gegenseitig aus, um unsere Nähe einzufordern.

Meine Mutter hat auch Freundinnen, die sie besuchen wollen. Das ist nicht so einfach. Sie möchte nicht über ihre Krankheit reden, aber der Kreis der Eingeweihten ist sehr klein. Auch die, die Bescheid wissen, haben Schwierigkeiten mit ihrer plötzlichen Müdigkeit, der abfallenden Konzentration und der eingeschränkten Bewegungsfreiheit. Und da auch die Freunde schon ein fortgeschrittenes Alter und daher diverse Wehwehchen haben, ist ihre Geduld enden wollend.

Diese Besuche strengen sie auch ungeheuer an. Einerseits. Andererseits sind sie eine willkommene Abwechslung. Glaube ich, werde aber eines Besseren belehrt.

Wenn tagelang niemand anruft (abgesehen von Familienmitgliedern), dann fühlt sie sich von der Welt vergessen. Meldet sich dann doch wer telefonisch für einen Besuch an, steigt die Nervosität. Sie muss absagen. Das schafft sie nicht. Zu anstrengend. Davon wird sie sich nie mehr erholen. Niemand kann doch ahnen, wie schlecht sie sich fühlt. Sie steigert sich so lange da hinein, bis sie zum Hörer greift und den angekündigten Besuch absagt. Erleichtert ist sie dann, wie befreit. Denn sie ist nicht vergessen worden von der Welt da draußen, sie hätte ja Besuch haben können. Aber es war ihre freie Entscheidung, ihn abzusagen.

Es ist sehr still geworden in ihrer Wohnung. Bald ruft niemand mehr an. Niemand Wichtiges; niemand aus vergangenen Zeiten, keine alten Bekannten, niemand Interessantes. Nur Familie.

Die Mahlzeit

Essen hatte in der Familie meiner Kindheit keinen großen Stellenwert: Kochsalat mit Erbsen war so ein klassisches Gericht. Oder Augsburger mit Spinat, der damals ganz neu im tiefgekühlten Quader der Hausfrau zu mehr Freizeit verhalf. Kochen war nie Mutters Königsdisziplin. Sie hat nie gern gekocht, stand aber doch fast jeden Tag notgedrungen am Herd. Mit zunehmendem Alter hat aber ihre Lust darauf, überhaupt zu kochen, abgenommen. Das ist verständlich. Es erfordert von einem kranken Menschen sehr viel Disziplin, sich jeden Tag selbst ein Essen zuzubereiten und es auch allein zu essen.

Eine Zeit lang waren die Mittagsmenüs in diversen Gaststätten eine gute Alternative. Aber seit sie nicht mehr so gern außer Haus geht und der Mittagsschlaf unmittelbar nach dem Essen so wichtig geworden ist, müssen wir uns etwas anderes einfallen lassen.

Die Einrichtung „Essen auf Rädern" ist großartig. Frische Menüs, die man sich aussuchen kann, werden direkt zugestellt. Wenn es doch nur so einfach wäre. Da ist erst einmal die Hürde des Bestellens zu überwinden. Die Wunschspeisen müssen wöchentlich online deponiert werden. Das kann ich für sie tun. „Ich weiß doch heute nicht, was ich übermorgen essen möchte", jammert Mutter. Und überhaupt: Wohin mit den Speisen, die gekühlt einmal in der Woche geliefert werden? Ihr Kühlschrank ist klein, ihr Tiefkühler nur ein Eisfach.

Es gibt auch die Möglichkeit einer täglichen Lieferung. Das bringt jedoch ein weiteres Problem mit sich: Die Zustellungszeit ist mit „von … bis …" angegeben. Mutter befürchtet, dass sie die Türglocke nicht hört. Das bedeutet dann, dass sie sich ab, sagen wir, zehn Uhr in den Vorraum auf einen Hocker setzt und wartet, bis das Essen geliefert wird. Und wenn es dann endlich läutet, ist sie ein Wrack. Nervlich so am Ende, dass sie keinen Bissen mehr hinunterbekommt.

Wir beschließen, die Sache selbst in die Hand zu nehmen. Mein Bruder, der nur sonntags Zeit zum Kochen hat, soll sie mit Vorgekochtem bis Mitte der Woche versorgen, dann übernehme ich.

Wir besorgen hübsche Glasbehälter, gut stapelbar und mit leicht zu öffnendem Verschluss.

Sonntagabend wird der Kühlschrank gefüllt. Mit Linseneintopf. Den wärmt sie sich Montag zu Mittag auf. Dienstag: Linseneintopf. Mittwoch: Ich höre es schon an der zaghaften Stimme am Telefon: „Linsen, zwar gesund und nahrhaft, aber dreimal hintereinander, das kriegt kein Mensch runter."

In der zweiten Woche probiert es mein Bruder mit Gemüse, variabel zu Nudeln oder Reis.

Mitte der Woche finde ich einen sehr vollen Kühlschrank und eine sehr unglückliche Mutter vor.

Dazu ist Folgendes zu sagen: Ganz unüblich für ihre Generation sind für meine Mutter Vorräte äußerst belastend. Alles aufgebraucht, alles verwendet, keine Reste, ein leerer Kühlschrank, das ist der ideale Zustand. Da freut sie sich. „Wenn nichts da ist, kann auch nichts schlecht werden."

In der dritten Woche ist mein Bruder schon ein bisschen weniger enthusiastisch, was die Kocherei betrifft, und ab der vierten Woche kommt nur mehr gelegentlich und auf Wunsch ein Glaserl Vorgekochtes.

Ich habe es da ein bisschen leichter. Ich stelle mir vor, dass ich vom täglichen Mittagessen etwas abzweige und ihr bringe. Leider habe ich dabei nicht bedacht, dass meine Mutter nur zwischen halb zwölf und zwölf Uhr zu Mittag essen kann. Die strengen Essenszeiten sind von der Medikamenteneinnahme abhängig.

An manchen Tagen gelingt es mir, bis elf Uhr ein Mittagessen zu kochen, aber nicht immer. Und vom Vortag Gekochtes soll die Ausnahme sein. Nun stehen wir wieder am Anfang. Die momentane Lösung ist nur eine vorübergehende. Wir hanteln uns von Tag zu Tag, von Woche zu Woche. Gelegentlich bringt mein Bruder etwas vorbei, dann wieder ich. Die Enkelkinder kochen mit ihr in ihrer Küche und manches Mal wird eingekauft und sie bereitet sich selbst etwas zu. Das funktioniert im Moment ganz gut.

Aber das alles basiert auf einem fein gesponnenen Familiennetzwerk, das nur hält, solange die Fäden nicht reißen. Ich schätze die Entlastung durch die Familie sehr, aber ich spüre auch das Gewicht dieses fragilen Netzes, in dem meine Mutter hängt und sich festklammert.

Das Spiel

Wir machen ein Spiel. Ein Gedankenspiel, das ich mir ausgedacht habe. Und dieses Spiel fängt mit dem Satz „Ich kann nicht" an.

Es ist wie so oft: Meine Mutter sitzt in ihrem Sessel und beklagt ihre Situation. Sie möchte so gerne hinaus an die frische Luft, aber fühlt sich zu schwach. Im Grunde, so meint sie, sei sie für alles zu schwach. Wann hat sie das letzte Mal so richtig gelacht, wann war sie unbeschwert und fröhlich?

Ich bin vorsichtig. Ich möchte sie nicht provozieren und sage deshalb mit einem Zwinkern: „Ach, du bist voller Selbstmitleid. Das ist wirklich anstrengend." Überraschenderweise geht sie sofort darauf ein: „Ja", meint sie, „ich weiß, das war ich immer schon. Ich hab' mir immer schon schrecklich leidgetan."

Ermutigt wage ich mich vor: „Dein Selbstmitleid ist aber Gift für deine Situation. Du gibst damit deiner Krankheit zu viel Raum. Du lebst für deine Krankheit, deine Krankheit beherrscht dich, und nicht umgekehrt."

Ich rede mich in Rage, fuchtle mit den Armen, werde immer lauter, ja schreie fast schon, begeistert über meine plötzliche Erkenntnis: Deine Krankheit beherrscht dich, und du lässt es zu. – Stille.

Ich führe sie gedanklich durch ein Szenario: Stell dir vor, jedes Mal, wenn du „Ich kann nicht" sagst, triumphiert deine Krankheit. Sie öffnet die Champagnerflasche, der Korken knallt, sie hat gewonnen, wieder gewonnen. Immer, wenn du einer Freundin absagst, ist es ein Sieg, du bleibst im Bett liegen – und da gibt es jemanden, der jubiliert. Bei jedem Sieg über dich nimmt deine Krankheit einen weiteren Ziegelstein, legt ihn auf die bereits vorhandenen, und bald wird die Mauer um dich zu hoch sein, um Licht durchzulassen. Dann wird es finster. Für immer.

Sie schaut mich fassungslos an. „So siehst du das?"

Doch ich bin noch nicht am Ende. Ich will ihr den Weg hinaus beschreiben, den Weg ins Licht. Ich will die Mauer niederreißen, die sie selbst um sich baut.

„Jedes Mal, wenn du dir schrecklich leidtust, wenn du die Frau, die du geworden bist ob ihres traurigen Schicksals beweinst, nimmt deine Krankheit einen Ziegelstein. Und es ist an dir, ihr diese Steine aus der Hand zu schlagen. Das schaffst du. Du musst es dir nur bildlich vorstellen. Schlag ihn weg, den Stein, gib dem Feind einen Stoß."

Sie amüsiert sich über dieses gedankliche Spiel, aber ich fürchte, sie nimmt es nicht ernst.

„Du hast schon als Kind zu viel Fantasie gehabt", sagt sie, windet sich im Sessel und beklagt, heute wieder einfach nicht fit genug für einen Spaziergang zu sein.

Und schon sehe ich jemanden in der Zimmerecke dämonisch grinsend den Champagner kalt stellen. – Gewonnen!

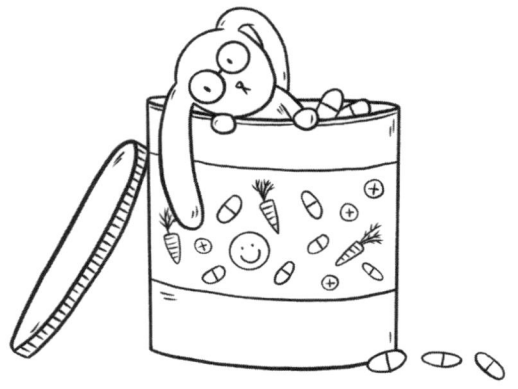

Der Arzt

E in Hausbesuch am Sonntagvormittag.
Der Arzt kommt in legerer Freizeitkleidung, für zwanzig Minuten – und bekommt einen stolzen Stundenlohn, wie Mutter blitzschnell kalkuliert. Aber sie ist dankbar und froh.

In einem kleinen Büchlein notiert sie Beschwerden, Symptome und ihre Interpretation dazu, um beim Arztbesuch vorbereitet zu sein. Es ist geführt wie ein Tagebuch, leider nicht sehr regelmäßig, daher nicht wirklich aussage-

47

kräftig. Darin steht zum Beispiel unter „Heute, Sonntag": schlaflose Nacht, Kopfweh beim Aufstehen, Schwindel am Vormittag, Übelkeit zu Mittag, Müdigkeit am Nachmittag, Einschlafprobleme am Abend.

Das ist eine Momentaufnahme eines einzelnen Tages. Ob es gestern auch so war, oder letzte Woche, weiß sie leider nicht mehr. Jeder Tag bringt andere Beschwerden mit sich, kein Tag gleicht dem anderen.

Kurz vor Ankunft des Arztes liest sie sich ihre Notizen durch und ergänzt sie durch das Hinzufügen der jeweiligen Medikamente. Damit will meine Mutter dem Arzt sagen, dass es ihr mit den verschriebenen Mitteln schlecht geht und sie dringend neue, andere, bessere will.

Sie hat immer noch ganz fest den Glauben und die Hoffnung, dass alles besser wird, wenn ihr der Herr Doktor endlich das einzig richtige Mittel verschreiben würde.

Sie erstaunt mich immer wieder aufs Neue: Sie ist Pharmazeutin, ist aber selbst in jungen und gesunden Jahren sehr sparsam mit Medikamenten umgegangen. Dass sie jetzt einen Plastikbehälter, dessen Vertiefungen mit „morgens – mittags – abends – nachts" gekennzeichnet sind, stets gut gefüllt vor sich stehen hat, bringt sie zur Verzweiflung. Trotz dieser Fülle an Pillen fühlt sie sich schlecht, spürt keine Besserung, keine Erleichterung im Alltag.

All das versucht sie dem Arzt zu erklären. Und sie gesteht

ihm, ab und zu ein Schlafmittel einzunehmen, etwas, wovon er ihr ständig abgeraten hat.

Sie erwartet Kritik. Die beiden haben immer wieder Auseinandersetzungen. Oft verhandeln und debattieren sie über die Dosis einzelner Medikamente. Er besteht auf Psychopharmaka zusätzlich zu den lebensnotwendigen Pillen, sie will alles aufs Minimum reduzieren. Sie diskutieren über die Notwendigkeit bestimmter Präparate, weil sie oft genug Medikamente einfach so abgesetzt hat. Und nun hat sie, ohne rückzufragen, zu Schlaftabletten gegriffen.

Es ist das erste Mal, dass der Arzt meint, sie solle einfach alles nehmen, von dem sie glaube, es tue ihr gut. Ohne Debatte, ohne große Diskussion.

„Kind, es ist so weit. Er hat mich aufgegeben", sagt sie nun.

Das Telefon

Wir telefonieren jeden Tag, meine Mutter und ich. Oft sogar zweimal: am Morgen nach dem Aufstehen und abends nach den Nachrichten. So halten wir es auch an den Tagen, an denen „Muttertag" ist, also an den Tagen, an denen ich zu ihr komme.

Meist bin ich die erste Stimme, die sie nach dem Aufwachen hört. „Frag mich ja nicht, wie es mir geht", sagt sie regelmäßig. „Bitte frag mich nicht. Es war eine schreckliche Nacht. Ich war schlaflos und bin wie gerädert heute früh.

Du hast keine Ahnung, also frag mich bitte nicht, wie es mir geht."

Oder ich höre: „Ich möchte wirklich nicht schon wieder jammern, aber so schlecht wie heute ist es mir noch nie gegangen." Und dann folgt eine Aufzählung der Beschwerden, detailgenau, so treffend beschrieben, dass ich mich winde, die Schmerzen fast selbst spüre.

Aber manchmal habe ich Glück. Da ist sie munter, klar und voll kluger Gedanken. Dann sprechen wir über tagespolitisches Geschehen: „Weißt du, die gleichen Diskussionen haben wir vor 40 Jahren schon geführt. Warum muss sich jede Generation selbst finden? Warum kann man nicht Altes und Bewährtes übernehmen?", meint sie etwa über ein Thema in einem aktuellen Zeitungsartikel.

Oder wir besprechen das Fernsehprogramm vom Vorabend: „Das Ende hab' ich nicht verstanden. Hat der jetzt so getan, als ob, oder war er es wirklich?"

Ziemlich häufig ruft sie mich knapp nach den Abendnachrichten an: „Also, hast du dieses Kleid der Moderatorin gesehen? Haben die keinen Spiegel dort?"

Mich freut, dass sie Anteil nimmt, auch an Lappalien. An diesen guten Tagen hat sie auch ein offenes Ohr für andere. Sie kann sich furchtbar über die Geschichte aufregen, die ihr die jüngste Enkelin, die ein Praktikum in einem Spital macht, erzählt: „Kannst du ein EKG in Zimmer 21 machen?", fragte die Stationsschwester. „Gern, sicher. Wo steht denn das Gerät?" – „Also, wenn du jetzt so kompliziert fragst, dann mach ich es gleich selber."

Rührend, wie sich meine Mutter darüber ärgert. Sie möchte mit Rat und Tat zur Seite stehen. Fast so wie in alten Tagen. Das freut mich sehr.

Es ist jeden Morgen aufs Neue ungewiss. Klingt die Stimme aus dem Hörer fest und munter, dann weiß ich, es wird ein guter Tag. Für sie und auch für mich.

Höre ich aber: „Frag mich ja nicht, wie es mir geht", gefolgt von der Aufzählung der Beschwerden, dann frag' ich natürlich nicht weiter. Muss ich auch nicht. Ich erfahre es sowieso und schneller, als mir lieb ist. Das ist dann kein guter Tag für uns.

Die Sorge

E inmal möchte ich von dir so gestreichelt werden, wie du den alten Hund streichelst."

Ich habe sofort ein schlechtes Gewissen. Nehme ich sie zu wenig in den Arm? Kümmere ich mich zu wenig? Streichle ich sie zu wenig? Für das Kuscheln war eigentlich immer nur mein Bruder zuständig. Ihn wollte sie so erziehen, wie viele Frauen ihrer Generation sich ihre Männer wünschten: empfindsam, einfühlsam, fügsam.

Ich war eher für die Diskussionen zuständig, für die klassischen Mutter-Tochter-Auseinandersetzungen. Für die Streitereien, die immer höchst emotional abliefen.

Das hat sich grundlegend geändert. Mein Bruder ist alles andere als fügsam, und Mutter-Tochter-Auseinandersetzungen finden schon lange nicht mehr statt.

Sie ist sehr sensibel. Wenn es um ihre Belange geht. Und statt Streiten streichelt sie lieber. Oder wird gestreichelt. Im Alter ist das Sinnesorgan Haut immer wichtiger. Die Sehkraft der Augen lässt nach und das Gehör wird schlechter. Aber Kuscheln geht immer.

Was meine Mutter betrifft, bin ich oft verhalten bei meinen körperlichen Zuwendungen. Alte, eingefahrene Muster lassen sich nur schwer ablegen. Und es ist nicht nur ihre Erwartungshaltung, es ist auch die kaum versteckte Eifersucht, die mich hemmt.

Das fängt mit den genau beobachteten, quasi abgezählten Streicheleinheiten für Hund oder Enkel an und hört auch bei der Angst, meine Gedanken könnten abschweifen, nicht auf.

Sie möchte hundertprozentige Aufmerksamkeit und duldet keine anderen Probleme neben ihren eigenen. Da kommt ein „Überlebensegoismus" durch, der ja auch irgendwie nachvollziehbar ist.

Wenn ich doch einmal krank werde, ist sie sehr besorgt.

Sicher auch ein wenig wegen mir, aber hauptsächlich, weil ich ausfallen könnte.

Ein ständig wiederkehrender, wunder Punkt bei meiner Mutter ist meine Liebe zu meinen Kindern. Meine Sorgen um meine Kinder. Meine Anteilnahme an deren Leben. „Sie sind ja eh fast alle erwachsen, die schaffen das schon alleine. Misch dich nicht immer ein." Das sagt sie. „Warum kümmerst du dich um die Brut und hast keine Zeit für mich?" Das meint sie. Ich sage dann: „Mutter, du weißt ja: kleine Kinder, kleine Sorgen; große Kinder, große Sorgen. Und schau, dir gehts gut. Du hast große Kinder und keine Sorgen mit uns."

Die Antwort kommt prompt: „Natürlich habe ich Sorgen. Große Sorgen. Ob du wohl genug Zeit für mich hast, ist eine sehr große Sorge."

Das Weh

Ein bisschen wehtun soll es schon, wenn man krank ist. Wie weh, das hängt nicht nur von der Person, sondern auch von der Situation ab. Meine Mutter hat immer Schmerzen, sagt sie. Auch, wenn es an manchen Tagen gar nicht so scheint. Geht es ihr schlecht, dann bekommen wir das alle natürlich lautstark und intensiv mit. Sie hat unsere volle Aufmerksamkeit. Tröstungen und ausreichend Mitleid inklusive. Fürchtet sie um die Fürsorge, wenn der akute Schmerz weg ist?

Die Frage „Tut es noch sehr weh?" wird deshalb von ihr nie mit einem klaren „Nein, alles gut" beantwortet. Auch, wenn es so ist. Sie möchte sich immer noch ein bisschen Weh behalten.

„Naja, es geht schon etwas besser", ist die zögerliche Antwort, der sofort ein „Aber weg ist der Schmerz nicht" folgt. Jeder von uns hat unterschiedliche Taktiken, damit umzugehen. Eine meiner Töchter zum Beispiel vermeidet grundsätzlich jede Frage bezüglich des Wohlbefindens. Sie will sich gar nicht darauf einlassen, fragt niemals und ignoriert etwaige Erläuterungen. Und sie hat die Erfahrung gemacht, dass meiner Mutter gar nichts besonders wehtut, wenn sie zu Besuch ist.

Die jüngste Tochter neigt zu großem Mitleid und zerfließt vor ihr bei den Schmerzschilderungen. Ja, es scheint fast, als zöge sie den Schmerz von Mutter ab, um ihn selbst aufzunehmen. Entsprechend erschöpft verlässt sie die großmütterliche Wohnung, hinterlässt aber eine ganz muntere Frau.

Mein Bruder will alles mit Verstand lösen. Er hört sich an, was sie zu sagen hat, um dann sehr scharf zu reagieren. Er analysiert ihr Verhalten und kritisiert ihre Jammerei. Er zieht Bilanz zu all den negativen Äußerungen, die sie in den letzten Stunden und Tagen von sich gegeben hat, um dann mit einem „Ich halte das alles nicht mehr aus" die Wohnung fluchtartig zu verlassen.

Ich habe meinen eigenen Trick. Wenn ich merke, heute ist wieder ein Tag, an dem Mutter leidet, aber mehr um des Leidens willen als mit echten, starken Schmerzen, dann drehe ich das Ganze um. Ich habe plötzlich wahnsinnige Kopfschmerzen, Zahnweh oder Magenzwicken. Ein Mutterinstinkt regt sich dann bei ihr und lässt sie das eigene Leid kurz vergessen.

Ob sie sich wirklich sorgt um mich oder ob es eher die Angst ist, ich könnte wegen ernster Erkrankung für längere Zeit ausfallen, das habe ich noch nicht herausgefunden. Aber es funktioniert. Ich jammere ein bisschen, sie jammert ein bisschen. So sind wir glücklich miteinander, einig, dass alles nicht so einfach ist, und dass geteiltes Leid halbes Leid ist. Und dass es immer irgendwo ein bisserl wehtut.

Die Kränkung

Ich möchte alles richtig machen. Wenn es eine Unstimmigkeit bei den Medikamenten gibt, rufe ich Mutters Neurologen an, um die richtige Dosierung zu erfahren. Wenn meine Mutter eine schlecht heilende Wunde hat, berate ich mich mit der Apothekerin meines Vertrauens, um eine adäquate Behandlung sicherzustellen. Und weil ich mit ihren Stimmungsschwankungen und der Depression, die mit ihrer Krankheit einhergeht, so schlecht zurechtkomme, suche ich eine Selbsthilfegruppe auf.

Im Sesselkreis werden Magensonden, Bettpfannen und Tipps zur Vermeidung von Dekubitus (Wundliegen) erläutert. Ich schaue in die betroffenen Gesichter von Töchtern, Schwiegertöchtern und Nichten. Ich fühle mich äußerst unwohl, fast wie ein Voyeur, eindeutig fehl am Platz. Die besprochenen Probleme treten bei uns nicht auf. Wir haben diese Sorgen noch nicht.

Es gibt noch etwas, das ich in Anspruch nehmen will: eine psychologische Beratung für pflegende Angehörige. Angeboten von einer karitativen Organisation, finanziert nur durch Spenden. Ich melde mich für ein Erstgespräch an und möchte die einzige Person, die meiner Mutter genauso nahe steht wie ich, mitnehmen: meinen Bruder. Die Psychologin ist leise, weich, rund und – sehr jung. Mir kommen Zweifel. Es ist ein bisschen so wie mit den Kindern: Wenn man noch keine Kinder hat, kann man sich die Sorge und die Liebe gar nicht vorstellen. Und es ist auch nicht vermittelbar.

Weiß diese junge Frau von den Ängsten, die man um die eigene Mutter haben kann? Kann sie sich die tausend Tode vorstellen, die man stirbt, wenn die Mutter nicht ans Telefon geht und auch sonst nicht erreichbar ist? Ahnt sie den Zwiespalt zwischen der Tochterliebe und auch der Wut, die einen oft überkommt? Kennt sie die Verzweiflung, wenn man wieder und wieder versucht, die eigene Mutter aufzurichten und doch immer wieder scheitert?

Wir geben der jungen Psychologin eine Chance. Mit zarter Stimme fordert sie uns auf, zuerst unsere Beziehung zur Mutter in Kindertagen zu schildern. Was war gut? Was war nicht so gut?

Die Erlebnisse und Erinnerungen meines Bruders decken sich nicht immer mit meinen. Er ist viel jünger als ich. Er ist ein gewünschtes Kind. Für ihn hat Mutter sich in reiferen Jahren bewusst entschieden. Ich bin während ihres Studiums, kurz vor ihrer Diplomprüfung, eher überraschend da gewesen. Aber viele Erinnerungen sind ähnlich. Plötzlich fallen uns beiden immer mehr bestimmte Situationen und Aussagen ein. Nicht nur aus vergangenen Tagen, sondern erst kürzlich getätigte. Mein Schlüsselsatz in dieser Sitzung: „Ich habe mich so gekränkt, als sie zu mir gesagt hat, sie würde mir wünschen, dass auch ich einmal solche Schmerzen hätte wie sie, damit ich weiß, wie arm sie dran ist ..." Und die Psychologin hat ruhig gesagt: „Ihre eigene Mutter hat ihnen also Schmerzen gewünscht."

Aus ihrem Mund klang es auf einmal noch viel schrecklicher, als es für mich in der Situation damals war. Ja, es hat mich gekränkt, aber ich möchte trotzdem nicht, dass andere, fremde Leute schlecht von meiner Mutter denken.

Ab da war es für mich eigentlich gelaufen. Ich möchte keine professionelle Unterstützung. Ich weiß um die Kränkungen aus Kindertagen. Ich kenne ihre Sprüche, ihre Ansagen, jetzt, im hilflosen Alter.

Ich möchte alles richtig machen. Aber ich möchte mir auch vorbehalten, manchmal echt wütend über ihre Aussagen zu sein. Denn wenn sie einmal gar nichts mehr sagt, bin ich nur noch traurig.

Der Rollstuhl

Einmal noch durch Blätter rascheln, durch Schnee stapfen. So bescheidene Wünsche – und doch sind sie nicht zu erfüllen.

Nach einem Sturz ist Mutter verunsichert und ängstlich. Und nicht nur das Selbstbewusstsein, auch die Muskeln müssen wiederaufgebaut werden. Wir besorgen einen Rollator für die Wohnung und einen Rollstuhl für die Ausfahrten. Mit dem Rollator soll sie in den eigenen vier Wänden üben, auf und ab gehen, bei jedem Schritt etwas zum Festhalten haben.

Ich gebe es zu: Ich freue mich auf die Rollstuhl-Ausfahrten. Kein ängstliches, an meinen Arm geklammertes, langsames Spazierengehen, sondern ein flottes Marschieren, die Mutter warm, sicher und wohlbehalten vor mich herschiebend.

Ich sehe sie im Rollstuhl sitzen, aufrecht und elegant, eine karierte Decke um die Mitte, ein Urenkerl auf den Knien. Ich sehe uns in Konzerten, im Theater und im Kaffeehaus plaudernd über den Zeitungen sitzen.

Nach langem Überreden ist Mutter bereit, dem Rollstuhl eine Chance zu geben. Das erste, sehr überraschende Hindernis: Der Rollstuhl passt nicht in den Aufzug. Sie muss daneben stehen, der Stuhl leicht zusammengeklappt.

Es ist fast unmöglich für sie, den Liftknopf zu erreichen. Ich drücke das „E" für Erdgeschoss durch die sich schnell schließende Lifttüre und rase sechs Stockwerke über die Stufen hinunter, um dort eine zitternde Mutter in Empfang zu nehmen. Das geht so nicht. Und ausfahren möchte sie jetzt sowieso nicht mehr. Also wieder retour hinauf. Diesmal lasse ich den Rollstuhl gleich unten und bringe ihn zum Umtausch ins Geschäft. Mit dem leichtesten, kleinsten und lifttauglichen Modell komme ich wieder.

Sie übt fleißig, mit dem Rollator zu gehen, macht das

wirklich gut, aber ich spüre, irgendwas bedrückt sie. „Ich muss jeden Tag beim Aufwachen weinen." Weil der erste Blick in der Früh auf den Rollstuhl im Vorzimmer fällt. „Da wird mir meine Gebrechlichkeit so bewusst."

Ich bin sehr betroffen und wir beschließen, den Rollstuhl zusammenzuklappen und für sie unsichtbar hinter der Garderobe aufzubewahren. Doch das reicht nicht. Allein die Anwesenheit bedrückt sie und bringt sie zum Weinen. Nach einiger Zeit bringe ich ihn unbenutzt ins Geschäft zurück.

Sie traut sich mit dem Rollator auf die Straße. Geschickt manövriert sie das Gefährt an den abgeflachten Gehsteigkanten über die Fahrbahn. Sie rast, und ich komme, den alten Hund hinter mir herziehend, kaum hinterher. Die flotte, rote Tasche vorne ist sehr praktisch beim Einkauf.

Leider will sie niemals mehr ein Kaffeehaus betreten. Und ins Kino will sie auch nicht. „Wo soll ich denn das blöde Ding da abstellen?" Das blöde Ding schenkt ihr ganz viel Beweglichkeit und auch Freiheit, aber sie geniert sich. Die Straße auf und ab, in den Supermarkt, das geht, aber die Orte der vergangenen Zeit, die Kaffeehäuser, das Theater, vermeidet sie.

Ich versuche es mit Überreden, mit Bitten und Drohen. Aber Mutter ist stur. Ich kann ihre Ängste nicht nachvollziehen und bin überzeugt davon, ein Besuch im Kaffeehaus oder im Kino würde für sie eine schöne Abwechslung in ihrem Alltag sein, ja, sie ihrem gewohnten früheren Leben näherbringen.

Ich soll viele Hürden für sie bewältigen, Entscheidungen treffen, Hindernisse aus dem Weg räumen, aber letztlich ist sie eine eigenständige Person. Diesen Balanceakt zwischen meiner ständigen Verfügbarkeit und Hilfestellung und Mutters starkem eigenen Willen muss ich noch üben.

Das Alter

Das erste Mal so richtig alt gefühlt hab' ich mich, als mir an einer Baustelle niemand mehr hinterhergepfiffen hat."

„Mutter … das kannst du heute nicht mehr so sagen! Du liest doch Zeitungen, du kennst die MeToo-Debatten. Außerdem definieren sich Frauen heute nicht mehr über solche Äußerlichkeiten."

„Blödsinn", mit einer Handbewegung wischt sie jedes Argument vom Tisch. „Glaubst du, heute ist es anders als vor 50 Jahren? Jeder will lieber ein junges Mädchen sehen als einen alten Tattergreis wie mich."

Von einem „Tattergreis" ist sie weit entfernt. Und das weiß sie auch. Mutter legt Wert auf Äußerlichkeiten. Bei sich und bei anderen. Das heißt nicht, dass sie oberflächlich ist. Aber der erste Eindruck ist wichtig. Da ist sie ganz alte Schule: geputzte Schuhe, guter Haarschnitt und kein Mantel, der voller Fussel und Haare ist. Sie geht nie mit dem „Hausgewand" auf die Straße. Auch Mantel und Schuhe müssen zusammenpassen. Das Handtaschenproblem hat sich dank des flotten, roten Körbchens am Rollator erübrigt.

Sie beobachtet sich genau. „Die Augen werden immer kleiner", klagt sie und zieht mit immer noch geübter Hand einen Lidstrich. „Und im Alter verschwindet die Unterlippe irgendwie im Mund und die Mundwinkel hängen. Schau dir einmal die alten Frauen auf der Straße an. Die wirken alle grantig oder traurig. Dabei sind es oft nur diese hängenden Mundwinkel."

Sie versucht, bewusst gegenzusteuern, geht auf der Straße mit erhobenem Kopf und lächelt …

„Na, mehr hab' ich nicht gebraucht", schimpft sie dann. „Jetzt halten mich alle für die ständig blöd grinsende Alte von Tür elf, die sicher nicht ganz richtig im Kopf ist."

So mancher mag sich jetzt denken: Na, wenn man kaum mehr Luft bekommt und unerträgliche Schmerzen hat, sind hängende Mundwinkel das allerkleinste Problem. Das ist ja klar, aber darum geht es auch nicht. Wenn Mutters Schmerzen überhandnehmen und sie das Bett nicht verlassen kann, dann ist der Lidstrich wirklich egal. (Auch wenn der fesche Hausarzt kommt.)

Es geht um die Anerkennung des Alters, um die Schönheit im Alter, um die Würde und den Wunsch vieler alter Menschen, wahrgenommen, angeschaut, angelächelt zu werden. Und der Wunsch zu gefallen hat ja kein Ablaufdatum.

„Wenn ich nach einem schönen Traum am Morgen in den Spiegel schaue, schrecke ich mich", erzählt sie. „Ich kann kaum glauben, dass dieses alte Gesicht meines ist. Ich hab' die Runzeln und die Falten schlicht vergessen." Der Körper altert, aber die junge Frau, die man einmal war, verlässt einen nie.

Mir war das nie so bewusst. Aber seit ich mit meiner Mutter diese Dinge erlebe und sie auch sehr offen darüber spricht, ertappe ich mich, wie ich älteren Damen in der Straßenbahn liebevoll zulächle, wie ich kleine Komplimente verteile und immer ein strahlendes Lächeln zurückbekomme. Meine Mutter ist überzeugt: Ältere Frauen werden in unserer Gesellschaft kaum wahrgenommen. Sie sind unsichtbar.

Der Therapeut

U*nd hat mit großer Geduld ihr Leiden bis zum Ende ertragen …*

„Das könnt ihr nie in meine Todesanzeige schreiben", sagt Mutter. „Denn ich ertrage es nicht, und ich weiß, ich bin dabei sehr ungeduldig."

Aber wie geht man mit einer Krankheit um, bei der es nie mehr besser, sondern kontinuierlich schlechter wird? Bei der man nicht sagen kann: „Wenn ich mich erholt habe, dann …" – Oder: „Ich brauche nur ein bisschen Zeit, das wird schon wieder …"

Annehmen? Damit leben lernen? Sich dem Schicksal fügen? Das sind alles Schlagworte, die man in diesem Zusammenhang hört. Aber nicht jeder hat die Kraft, die Geduld und den Willen, sein gewohntes Leben einfach aufzugeben, seine Krankheit anzunehmen und sich so dem Unausweichlichen zu fügen.

Medikamente können aber dabei helfen. Sie nehmen den Emotionen die Spitzen, machen ruhiger, relaxter, und ja, vieles lässt sich dadurch leichter ertragen.

Medikamente sollen aber nicht die einzige Lösung sein. Wir meinen, eine Therapie könnte helfen herauszufinden, warum Mutter so sehr mit ihrem Schicksal hadert. Warum sie die Worte „krank – alt – nutzlos" in einem Atemzug sagt und das auch so meint.

Der Therapeut, den wir suchen, muss sich in unmittelbarer Gehweite befinden und Erfahrung mit chronischen Krankheiten haben. Dr. M. hat die Ausbildung im zweiten Bildungsweg gemacht, vorher in der Pflege gearbeitet und scheint sehr einfühlsam zu sein.

Nach dem dritten Besuch ist Mutter fahriger, nervöser und unruhiger denn je. Sie schläft nicht gut. Sie hat jede Nacht Albträume. Ich verstehe es erst nach einer Weile: In den Sitzungen haben sie über ihre Kindheit geredet, über

71

die Beziehung zu den Eltern, zum Vater. Das war keine glückliche Kindheit, keine unbeschwerte, wie auch, mitten im Krieg. Die Beziehung zum Vater war konfliktreich, fast bis zu seinem Tod.

All das war jahrzehntelang gut verdeckt und durch ein arbeitsreiches Leben erfolgreich verdrängt worden. Nun ist ihr Vater auferstanden und setzt sich jede Nacht an ihr Bett. Sie erlebt Diskussionen, die sie so wahrscheinlich nie geführt hat und Gespräche, die nie stattgefunden haben. Sie ist plötzlich wieder das kleine Mädchen in der Abhängigkeit ihres mächtigen Vaters. Unliebsame Erinnerungen kommen hoch und rauben ihr den Schlaf.

Der Therapeut sucht den Grund für das „Nicht-Annehmen-Können" in ihrer Kindheit. Er mag da sicher auf dem richtigen Weg sein, aber es geht gründlich schief.

„Jetzt muss ich mich nicht nur mit meiner Krankheit beschäftigen, sondern auch noch mein Elternhaus aufarbeiten." Mutter ist verzweifelt. Ihr fehlt die Kraft für beides und sie will die Therapie sofort abbrechen. Sie ist überzeugt: Es muss nicht alles zerredet und aufgearbeitet werden. Bei manchen Erlebnissen aus der weit entfernten Vergangenheit ist es gut, nicht daran zu rühren. Außerdem weiß sie sicher: Bis sie zu einem Ergebnis kämen, wäre sie eh schon tot.

Ein Abbruch der Therapie scheint mir nicht ideal: „Nutze doch die Gelegenheit, um mit einem jungen Mann zu plaudern", locke ich sie. So geht sie weiter zu den Sitzungen, aber sie plaudern über …. ja, was eigentlich? Offensichtlich haben sie sich auf Themen geeinigt, die beide positiv erlebt haben. Doch das geht nur kurze Zeit gut.

„Ich zahl doch nicht einen Haufen Geld, um mit einem fremden Menschen über die 60er Jahre zu quatschen", meint Mutter, „darüber kann ich mit dir genauso reden." Sie sagt die weiteren Stunden endgültig ab.

Nun bin ich auf der Suche nach einer Beratung für Angehörige, um zu verstehen und um zu lernen, mit Krankheiten umzugehen, die früher oder später zum Tod führen. Wie erfolgreich ich dabei bin, das ist eine andere Geschichte.

Die Uhr

Krankenbesuche macht man nicht mit der Uhr in der Hand. Dieser Satz meines Großvaters, eines Hausarztes der alten Schule, hat sich bei mir eingeprägt.

Kranke Menschen haben ein besonders sensibles Sensorium für Stimmungen und Befindlichkeiten, die man aus der Welt draußen hinein in ihre eingeschränkte Welt trägt. Eile und Stress umgeben den Besucher wie eine mit Infrarotlicht ausgeleuchtete Wärmeschicht.

Zeit, Ruhe, Gelassenheit – das wären die magischen drei Wörter. Klingt einleuchtend. Aber wie setzt man das im hektischen Alltag um? Vor allem, wenn es sich bei den Krankenbesuchen nicht um entfernte Tanten handelt, die man einmal im Jahr aufsucht, sondern um die Mutter, die fast täglich wartet?

Vor einer Verabredung möchte ich kurz bei meiner Mutter vorbeischauen. Es liegt am Weg, trifft sich also gut. Aber wie soll ich es angehen? Sage ich nichts von einer Verabredung danach, wird sie annehmen, ich hätte Zeit für immer. Sie wird mich fragen, ob ich ihr beim Duschen helfen könnte. Oder beim Haarewaschen, Eincremen, Maniküren. Ob ich das Gemüse klein schneiden könne für die Suppe oder doch schnell im Supermarkt etwas anderes zum Essen besorgen. Sie hat vielleicht geplant, ihren Kleiderschrank auszumisten oder möchte, dass die Pelargonien in größere Töpfe umgesetzt werden. Ich soll Ruhe und Gelassenheit ausstrahlen und trotzdem rechtzeitig bei meiner Verabredung sein. Ein Spagat, den ich schwer schaffe.

Sage ich ihr aber, dass ich nur kurz bei ihr vorbeischaue, weil ich um soundsoviel Uhr einen Termin habe, ist es aus mit ihrer Ruhe. Minütlich wird sie mich nach der Uhrzeit fragen. Ihre Sorge, ob ich es wohl rechtzeitig zu meiner Verabredung schaffe, wird jeden Gesprächsfluss hemmen. Ja, es wird kein Gespräch stattfinden können, weil sie so nervös ist und Angst hat, ich könnte zu spät kommen. Sie wird im Vorzimmer stehenbleiben, weil ich ja eh gleich wieder weg muss. Sie wird mich bei der Wohnungstür hinausschieben wollen und gleichzeitig enttäuscht sein. Im besten Fall hat sie Verständnis und freut sich auf den versprochenen morgigen Nachmittag. Im schlimmsten Fall wird sie sich zittrig an die Haltegriffe des Rollators klammern und mir mit schwacher Stimme versichern: „Es wird schon irgendwie gehen", während ihr die Füße wegsacken.

Bei diesen „Ich schau kurz bei dir vorbei, muss aber bald weg"-Besuchen gewinnt niemand. Ich nicht, weil ich zwar mein schlechtes Gewissen beruhigt habe, sie aber nervös und unbefriedigt zurücklassen muss; und sie nicht, weil ein kurzer Besuch nicht das ist, was sie sich erwartet.

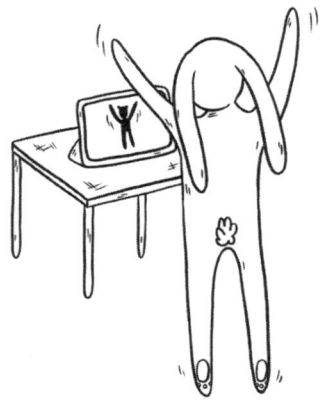

Die Trainerin

Damit kann keine reale Person mithalten. „Es ist so, als ob sie mit mir im Zimmer wäre." Mutter ist begeistert. Sie hat ein iPad vor sich aufgestellt und lauscht einer jungen Frau in einem Video, die einfache Turnübungen vorzeigt.

Bis es zu dieser Szene kam, ist viel Zeit vergangen und es war viel Überzeugungsarbeit zu leisten. Mutter muss Bewegung machen. Der Schlüssel zum Wohlbefinden und zu einem halbwegs schmerzfreien Dasein ist Bewegung.

Den Satz „Niemand geht mit mir spazieren" können wir alle schon nicht mehr hören. Jedes Familienmitglied war bereits mehrfach in dieser Situation: Mutter jammert, sie muss raus auf die Straße. Mit großer Überzeugungskraft, die trotz ihres grundsätzlichen Willens immer noch notwendig ist, schafft man es, sie hinauszubringen. Schwach, aber glücklich stapft sie dann mit dem Rollator die belebte Innenstadtstraße auf und ab.

Am nächsten Tag das Gleiche: „Niemand geht mit mir hinaus. Ich war schon seit Tagen nicht mehr im Freien." Die Person, die dann gerade bei ihr ist, ergreift die Initiative, geht mit ihr spazieren und erzählt uns stolz und froh, wie wichtig das war, weil sie ja seit Tagen nicht draußen war. Wir anderen sind fassungslos.

Es ist müßig mit Mutter darüber zu reden. Sie hat ihre eigene Sichtweise. Aber Bewegung soll sein. Und daher die Idee einer Turnanleitung via YouTube auf einem iPad. Wir wollen nicht gleich ein neues kaufen, ohne dass sie es einmal getestet hat. Daher stellt meine jüngste Tochter ihr Gerät zur Verfügung und säubert es vorher von allerlei digitalem Kram. Leider hat sich ein russischer Virus eingeschlichen, der nicht zu löschen ist. Unvermutet poppen daher immer wieder pornographische Filmchen am unteren Rand des iPads auf. „Wenn dir langweilig ist, schau dir das an", grinst meine Tochter, wissend, dass Mutter sich angeekelt abwenden wird. Die erste Kursstunde lautet daher: Wie schließe ich möglichst schnell diese russische Seite? Aber dann ist es ein Kinderspiel: Es gibt gute Video-Anleitungen mit Übungen, die genau auf ihr Krankheitsbild zugeschnitten sind. Sie entscheidet sich für eine junge Frau, die langsam, sehr freundlich und wirklich persönlich auf die Zuseher eingeht. Nun verbringt sie viele Stunden vor dem aufgestellten iPad und arbeitet intensiv mit. Ein starker Muskelkater ist die Folge.

Die nächste Übungsstunde muss jetzt heißen: Wie schalte ich auf „Pause", denn auf ein Spazierengehen in der realen Welt hat sie im Moment keine Lust. Und ich kann bestätigen: Sie war jetzt wirklich schon lange nicht mehr draußen.

Die Termine

Stunden verbringt meine Mutter nun mit dem iPad und übt immer wieder die von einer deutschen YouTuberin angeleiteten Trainingseinheiten. Aber reicht das?

Es muss ein Mensch her. Eine Trainerin aus Fleisch und Blut. Bei meinen täglichen Spaziergängen mit dem hüftleidenden Hund treffe ich eine junge Frau, ebenfalls mit Hund und Kind unterwegs. Wir kommen, wie' das Hundebesitzer nun mal so machen, ins Plaudern. Sie sei Physiotherapeutin, erfahre ich, und mache auch Hausbesuche.

Großartig. Ich bin begeistert und vermittle den Kontakt zu meiner Mutter.

Diese zeigt sich erst hocherfreut, aber als der Termin dann näher rückt, will sie in gewohnter Weise absagen. Das lasse ich nicht zu. Diesmal nicht. Zu oft schon hat sie geklagt, dringend eine Therapeutin zu brauchen. Außerdem wäre es gut zu wissen, ob diese Übungen auf dem iPad auch wirklich sinnvoll sind.

Frau M., die mir in der Hundezone erst ein bisschen herb vorkam, entpuppt sich als feinfühlige, intelligente junge Frau. Mutter ist begeistert und bucht gleich zehn Stunden.

Ich finde, diese Physiotherapeutin ist Gold wert: Sie schafft es nicht nur, Mutter sanft zu bewegen, sie massiert sie auch, und es gelingt ihr, ihr viele Ängste zu nehmen. Ich laufe zur Krankenkassa, um diese Stunden auch chefärztlich bewilligen zu lassen. Nun kommt sie nicht mehr aus.

Dreimal schon war sie da, die junge Frau mit den magischen Händen und der ausstrahlenden Ruhe. Aber ich warte auf den Widerspruch. Und der kommt auch wie erwartet nach dem dritten Mal: „Meinst du wirklich, dass sie weiter kommen soll? Es ist schon teuer und auf dem iPad hab' ich ja auch Übungen." Es ist sinnlos, ihr die Vorteile eines realen Trainers aufzuzählen. Auf die Wichtigkeit des Körperkontakts, auf den Gedankenaustausch hinzuweisen, auf die Möglichkeit zur Ansprache, alles Dinge, die ein YouTube-Video natürlich nicht erfüllen kann.

Je älter sie wird, desto weniger mag meine Mutter regelmäßige Termine. Wöchentliche Kartenrunden mit der Nachbarin? Sie ruft lieber spontan an, wenn sie sich gerade einsam fühlt. Fixe Tage, an denen wir uns abwechselnd zum Besuch einstellen? Mag sie gar nicht, denn an manchen Tagen hätte sie lieber vormittags statt nachmittags Besuch. Das weiß sie aber vorher nicht. Bezahlte Helfer, damit sie einmal, zweimal in der Woche ganz sicher zu einem Spaziergang kommt? Außerhalb ihrer Vorstellungskraft. Es könnte an dem Tag regnen, sie könnte müde sein, keine Lust haben.

Damit fällt natürlich vieles weg: Regelmäßige Essenszustellungen genauso wie terminlich fixierte Therapiestunden. Oder, was für uns eine große Erleichterung wäre: fixe Tage für jeden.

Sie ist die Verwalterin ihres Lebens, ihres Tages. Ich akzeptiere das natürlich. Aber oft schlucke ich schwer eine Erwiderung hinunter, wenn ich höre:

„Niemand geht mit mir spazieren."

„Deine Stimme ist die erste, die ich heute höre."

„Den ganzen Tag war ich allein."

Die Scham

Ich habe lange gerätselt, warum meine Mutter, kaum dass der Rollator den Straßenbelag berührt, losrast. Es ist die Scham.

Sie schämt sich. Sie schämt sich, mit diesem Gerät auf die Straße gehen zu müssen. Sie schämt sich, gesehen zu werden, als hilflos, alt und gebrechlich wahrgenommen zu werden.

Und das ist der Grund, warum sie rast. Warum sie schneller läuft als ihre knieleidende Cousine, flotter als ihre frisch operierte Schwester. Und den hüftmaroden Hund holt sie sowieso immer ein.

Sie ist auch schneller als ich. Ich komme kaum mit. Die schwarzen Griffe des Rollators fest umklammert, den Blick starr geradeaus gerichtet, das Ziel immer fest im Visier. Sie muss schneller sein als alle anderen, damit man ihre Gebrechlichkeit nicht sieht, damit man gar nicht auf den Gedanken kommt …

Aber diese Geschwindigkeit ist anstrengend. Sie ist rasch erschöpft. „Ich bin zu schwach, um spazieren zu gehen, das siehst du wohl auch selbst", keucht sie wie nach einem Marathon. „Du glaubst, dass ich so locker hinauskann. Es geht nicht mehr."

Und schon fühle ich mich schuldig, sie genötigt zu haben. „Aber du musst ja nicht so rennen", werfe ich zaghaft ein.

„Ja glaubst du, es macht mir Spaß?"

Wir haben einen Stock gekauft. Im gut sortierten Fachhandel schneiden sie den bronzefarbenen Metallstock auch gleich für ihre Größe zurecht. Vor noch nicht allzu langer Zeit hat sie höhnisch gelächelt, wenn ihr Bekannte einen Spazierstock oder einen sogenannten „Walking Stick" vorgeschlagen haben. „Ich geh doch nicht in der Stadt mit einem Schistock spazieren. Und schon gar nicht mit einem in jeder Hand." Sie könne so das Gleichgewicht nicht halten. Das möge ja für Beinkranke gut funktionieren, für solche, die Knieprobleme haben, sie könne aber auf keinen Fall mit zwei Schistöcken Balance halten.

Ein eleganter Stock mit Silbergriff täte es auch. Es ist aber schwierig, so einen auf die Schnelle zu finden. Der Fachhandel führt Modelle aus Holz und Metall, in allen Größen, Teleskopstöcke oder zusammenklappbare. Nur der Silbergriff, der ist nirgends dabei.

Da sie aber endlich wieder einmal auf der Straße, in einem Geschäft ist, will sie die Chance nutzen und sofort einen Stock kaufen. Eben den oben erwähnten bronzefarbenen.

Den Stock möchte sie zu Hause benutzen, damit sie das Gehen ohne Rollator nicht ganz verlernt. Das ist nicht einfach. Um den Stock immer griffbereit zu haben, legt sie ihn quer über den Rollatorgriff. Wenn sie nur mal schnell wohin möchte, greift sie zum Stock, der sich aber regelmäßig entweder in den Rädern oder am Griff verheddert. Das schränkt die Mobilität daheim erheblich ein.

Der Stock soll jederzeit erreichbar sein, liegt aber nun meist an Stellen, die sie auf den ersten Blick schwer sieht: auf einem Sessel, der unter den Tisch geschoben ist, oder er verschmilzt farblich mit dem Beistelltischchen. Chamäleonartig.

Mutter düst mit dem Rollator durch die Wohnung auf der Suche nach dem Stock, um dann mit dem glücklich wiedergefunden Teil langsam die ursprünglich geplanten Wege zu absolvieren. Auf der Straße würde sie niemals mit dem Stock gehen. Es ist die Scham, die sie daran hindert.

Der Heilige Abend

Der Heilige Abend fängt bereits am Nachmittag an.
Da sitzt Mutter mit den Enkerln in meiner Küche
und wartet.

„Das dauert aber lange heute, bis das Glockerl klingelt."

„Also mehr als drei Lieder bitte nicht singen."

„Ich hab' so einen Hunger. Können wir nicht jetzt essen?"

Nein, da jammert nicht meine dreijährige Enkelin, sondern meine Mutter.

Wann wird man wieder zum Kind? Nicht zum staunenden Kind, nicht zum glückselig lachenden Kind, sondern zum unbeherrschten, ungeduldigen, zum „Ich-will-alles-und-das-sofort"-Kind? Wann habe ich den Zeitpunkt bei meiner Mutter versäumt? Warum ist mir nicht aufgefallen, dass sie am Heiligen Abend genauso nervös und aufgeregt ist wie meine Enkel? Wenn auch aus anderen Gründen.

Kinder, die muss ich jetzt nicht groß erklären. Sie versuchen, einen Blick ins Weihnachtszimmer zu erhaschen, spitzen die Ohren, um das Glockerl nicht zu überhören, und rutschen aufgeregt kichernd auf den Knien durchs Vorzimmer.

Mutter sitzt in der Küche, nippt am „Ich-trinke-sicher-keinen-Alkohol"-Champagner und versucht, die Aufmerksamkeit auf sich zu lenken. Indem sie unglücklich, ja fast verzweifelt schaut und immer wieder betont, wie schlecht sie sich gerade heute fühlt. Das ist kein guter Zeitpunkt, weil ja doch jeder von uns nur ein leuchtendes Paar Kinderaugen erhaschen will.

Es hat schon so ein wenig was von: „Jetzt habe ich mich extra auf den Weg hierher gemacht und nun kümmert sich keiner." Alle anderen ignorieren es, aber ich fühle mich schuldig.

Auf Kinder nimmt man Rücksicht und legt den Heiligen Abend so an, dass sie möglichst viel davon haben. Aber was ist mit den älteren Menschen? Mutter will wie jeden Tag früh zu Abend essen und früh ins Bett, aber trotzdem Weihnachten mit uns allen erleben. Für die Babys hat man das früher abgestimmt. Hat Einladungen abgelehnt, Abendessen vorgezogen und das Glockerl zu einer Uhrzeit klingeln lassen, wo in anderen Haushalten der Baum noch im Netz eingewickelt am Balkon stand.

Von einer Erwachsenen erwartet man Flexibilität im gewohnten Tagesablauf. Aber ab wann wird man wieder quasi zum Kind, ab wann wäre Rücksicht angesagt?

Wenn sie nicht so fordernd wäre … Dann würde ich immer Rücksicht nehmen. Man macht alles gerne, wenn man die Notwendigkeit sieht. Gut, aber andererseits will Mutter rücksichtsvoll behandelt werden, ohne dass man ihre Schwäche bemerkt. Sie will bestimmen, wie und wo und wann etwas passiert, aber aus einer Stärke heraus, die beim Gegenüber als Forderung ankommt. Das geht sich oft nicht aus.

Mutter drängt zur Bescherung. Im Namen der Kleinen, versteht sich. Die lungern aber weiterhin glücklich und entspannt auf dem Boden vor dem Wohnzimmer herum, weil … die Vorfreude ist oft am schönsten. Als die letzten Familienmitglieder endlich eintreffen, schiebt sie diese fast noch im Mantel zur „Weihnachtstüre".

Das Glockerl soll endlich klingeln, und als es soweit ist,

kommt sie noch vor den Kindern im Zimmer an. Wir sind eine unmusikalische Familie. Kein Flötenkonzert, keine Klavierdarbietung, aber alle singen begeistert sämtliche bekannten Weihnachtslieder, meist nur die ersten zwei Strophen, die dafür aber doppelt so laut.

Zumindest war es bis jetzt immer so. Nach dem zweiten Lied möchte Mutter aufhören zu singen. Das heißt, sie möchte, dass wir alle aufhören. „Viel zu viele Geschenke sind da. Schrecklich", sagt sie. „Das dauert ja wieder ewig, bis die alle ausgepackt sind", meint sie. Während die Kinder noch beschäftigt sind, stürmt sie schon den Esstisch und wartet auf die Vorspeise.

Der Abend endet für sie, wie sie es wollte: früh. Er endet noch vor der Nachspeise, denn da steht sie auf und will gehen. Und während ich sie mit dem Auto nach Hause fahre, bedankt sie sich überschwänglich für den netten Abend. Sie bedankt sich so lieb, dass ich mich frage, ob sie die Spannungen überhaupt gespürt hat? Oder ob sie in ihrem Bemühen, ihre Schwäche herunterzuspielen, so sehr auf sich selbst konzentriert war, dass sie sonst nichts wahrgenommen hat?

Die Bergtour

Es war ein Spaziergang bis jetzt. Sozusagen. Nach massiven Schüben gleich zweier Autoimmunkrankheiten ist es eine Bergtour geworden. Im Schneegestöber. In Sandalen.

Wie konnte ich nur glauben, dass es so weitergeht wie bisher.

Ein bisschen den Alltag organisieren, Arztbesuche einfädeln, Mahlzeiten vorbeibringen, Kaffee am Nachmittag, die Langeweile vertreiben, Beschwerden über Schmerzen und Sorgen anhören und versuchen, sie zu lindern.

Nun liegt sie da und steht nicht auf. Will nicht aufstehen. Kann nicht aufstehen. Will auch nicht den Arzt rufen aus Sorge, dann ins Spital zu müssen. Gleichzeitig bekomme ich eine Liste diktiert mit all den Sachen, die ich beachten müsste, wenn sie ins Spital käme. Ein Widerspruch?

Ich koche Käsepappeltee, zerdrücke eine Süßkartoffel mit Butter und Salz und versuche sie zum Essen zu animieren. In den zwei Tagen, in denen ich nicht bei ihr war, hat sie nichts gegessen. Sagt sie. Genau weiß ich es nicht. Ich möchte sie einpacken, zu mir nach Hause mitnehmen und sie versorgt wissen. Das will sie aber nicht. Ich habe kein Bett mit Einstiegshilfe, keine ebenerdige Dusche, ihre Sachen würden fehlen und überhaupt …

Ich kann meine Mutter verstehen, bin aber ratlos. Jetzt, wo es ihr wirklich schlechter geht als je zuvor, körperlich schlechter, scheinen die psychischen Probleme in den Hintergrund getreten zu sein. Sie kämpft mit ihrem Körper, sie kämpft darum, aufstehen, ins Bad gehen, beim Essen schlucken zu können, ohne Schwindel und ohne Schmerzen bei jeder Bewegung zu spüren. Da bleibt kein Platz für Gedanken wie: „Ich bin so einsam, niemand liebt mich, niemand ruft an."

Ich habe das Telefon in der Nacht neben meinem Bett und hoffe, keinen Anruf zu bekommen. Ich laufe in der

Früh zu ihrer Wohnung und möchte sie fröhlich am Tisch sitzen sehen, bin aber einfach nur erleichtert, sie überhaupt lebend zu sehen. Ja, das ist die Angst: in die Wohnung zu kommen und sie ist nicht mehr da.

Eine treue Haushaltshilfe kommt einmal in der Woche. Das ist heute. Was morgen ist, darüber will sie nicht nachdenken. Sie will auch keine 24-Stunden-Pflege, weil ständig wen um sich herum zu haben, das hält sie nicht aus. Also doch wieder die tägliche Betreuung durch den Pflegedienst, Schlüsselkasterl montieren, Fremde in der Wohnung …?

Sie will nicht. Kann man sie zwingen? Ich höre von Bekannten, die Pfleger werden oft nicht in die Wohnung gelassen, wieder weggeschickt. Würde sie das machen? Hat sie noch die Kraft dazu? Und was dann?

Ein Gespräch vor vielen Monaten fällt mir ein. Sie will nicht mehr leben. So will sie nicht leben, hat sie gesagt. So eingeschränkt, so an die Wohnung gefesselt, so abhängig. Sie wisse um die Schmerzen, die kommen werden, um die Beschwerden, die ihre Krankheit mit sich bringt, und die auch zum Ende führen. Ich habe sehr hart reagiert: „So darfst du nicht reden. Wir bemühen uns alle, dass es dir gut geht." Nun liegt sie eingepackt im Bett und flüstert: „Ich darf ja nicht sagen, dass ich nicht mehr will."

„Mutter, du darfst alles sagen …"

Die Erholung

Zwei Seelen kämpfen in meiner Brust. Eine, die will, dass bald alles wieder so läuft wie bisher, dass Mutter sich erholt, zu Kräften kommt und wir uns wieder wie bisher mit der Betreuung von Tag zu Tag hanteln. Und die andere Seele will abgeben, sehnt sich nach einer Lösung, bei der Mutter glücklich und in guten Händen und der Alltag nicht immer von Tag zu Tag neu zu organisieren ist.

Sie steht langsam wieder aus dem Bett auf, fühlt sich aber noch sehr schwach. Sie möchte ihren Hausarzt kommen lassen. Die Idee eines Sanatoriums, einer Art Kuraufenthalt, schwebt im Raum. Sie möchte „aufgepäppelt" werden. Er soll die nötigen Überweisungen machen. Ich finde, das ist eine gute Idee.

Der liebenswürdige Arzt kommt gerne zu Mutter. Er mag ihre großzügige Wohnung und schätzt sie als intelligente Patientin. Wenn sie das wirklich möchte, schreibt er ihr gerne die Überweisung in ein Sanatorium, aber eine Notwendigkeit sieht er nicht. Ein paar kräftigende Mahlzeiten, tägliche Bewegung und die von ihm verordneten Medikamente sollten sie bald wieder fitter werden lassen. Sie ist glücklich. Sein Optimismus steckt sie an.

„Weißt du, ich möchte möglichst lange meine Unabhängigkeit behalten", haucht sie ins Telefon.

Ich schreie – innerlich laut, ins Telefon etwas leiser: „Deine Unabhängigkeit ist abhängig von uns, von mir. Du bist nicht unabhängig!" Und erstmals rede ich mir meine Sorgen von der Seele. Ich sage ihr, dass ich mich so verantwortlich fühle, dass es mich zerreißt vor Kummer, sie nicht gut versorgt zu wissen. Ständig zu überlegen, wer geht wann einkaufen, was sie wohl essen mag, und ob sie genug Besuch hat, ist sehr belastend. Und ich erzähle ihr, dass ich leide, wenn ich höre, dass sie sich einsam fühlt, und dass ich fast zornig werde bei dem Satz: „Es geht ja niemand mit mir spazieren."

Sie hört sich alles still an. Schweigt. Und sagt dann mit Grabesstimme: „Ich glaube, du solltest jetzt ein paar Tage nicht kommen." Dann fügt sie hinzu: „Damit du dich erholen kannst."

Es ist Freitag Nachmittag und ich bespreche mit meinem Bruder seinen Wochenendeinsatz.

Samstag fragt er an, ob sie etwas braucht. „Nein", ist ihre Antwort. Kurz und bündig. Sonntag lässt er sich nicht abhalten und geht mit einer Suppe zu ihr. „Von deinen Suppen ist mir übel geworden. Deswegen war ich auch so krank letzte Woche." – Peng.

Fast habe ich Hemmungen, das so niederzuschreiben, weil mir mein Bruder schrecklich leidtut. Aber es kommt noch schlimmer: Sie fühlt sich elend und bittet ihn, einen Arzt anzurufen. Er gibt zu bedenken: Ein Notarzt wird sie wahrscheinlich in ein Krankenhaus bringen am Sonntag Nachmittag, aber wenn sie möchte, ruft er gerne an.

„Nein, auf keinen Fall", sie ist außer sich allein beim Gedanken daran. Sie geht in kein Spital, er soll auf keinen Fall anrufen.

Ein wenig später fügt sie hinzu: „Und wenn ich jetzt sterbe, bist du schuld, weil du nicht angerufen hast."

Der Kalenderspruch

Je weniger man tut, desto weniger passiert. – „Wieder so ein unnötiger Kalenderspruch", höre ich in Gedanken meine Mutter sagen.

Je weniger man erlebt, je weniger passiert, desto größer ist die Überwindung, die Angst vor etwas Neuem. Jedes kleinste Ereignis regt zum Herzklopfen an. Durchbricht etwas den gewohnten Alltag, stellen sich Panik und Angstattacken ein.

Ich mache mir Sorgen. Je länger sich meine Mutter in ihre vier Wände zurückzieht, desto größer wird die Überwindung, tatsächlich wieder hinauszugehen. Und umso größer, umso anstrengender ist dann das Erlebnis in der Welt da draußen.

Bin ich wirklich vor gar nicht allzu langer Zeit in diese Boutique gegangen? Mit ihr? Hat sie dort nicht Hosen und Kleider probiert? Und ein Glaserl Sekt getrunken, weil die Ladenbesitzerin weiß, dass sie eine gute Kundin ist? Oder das Mittagessen am Marktplatz? Zwischen Obst und Blumenständen liegt idyllisch der „kleine Türke" mit dem besten Köfte der Stadt. Dort hat sie Hof gehalten, mit den Vorbeigehenden getratscht und auch Freunde gern begrüßt.

Das ist nicht lange her, und doch kommt es mir vor, als ob es nie stattgefunden hätte. Als ob es in einer anderen Zeit gewesen wäre. Die reale Zeit vergeht jetzt für Mutter zwischen Aufstehen und Schlafengehen nur sehr langsam. Manchmal vergeht sie gar nicht.

„Ich bin so schwach." – Da kann die Physiotherapeutin auch nicht viel tun. Jede Bewegung ist eine Qual, jeder Schritt einer zu viel. Ich sitze bei ihr, erzähle vom Tag, von den Enkeln, aber eigentlich interessiert es sie nicht wirklich.

„Warum", fragt sie mich immer wieder, „warum bin ich so schwach?" Es muss eine rhetorische Frage sein, denn natürlich kann ich das nicht beantworten. Ich bin milde geworden. Wenig fordernd. Mein Herz krampft sich bei ihrem Anblick zusammen. Sie ist so vogerlzart, so klein. Ich sehe die energische, beängstigende Frau nicht mehr in ihr; die Mutter, die mir mit Ohrfeigen und Hausarrest gedroht, und die mich oft heftig kritisiert hat.

Ich möchte sie nicht unnötig aufregen. Aber trotzdem fällt mir auf: Ich bin bei meiner Mutter noch immer zu ungeduldig. Ungeduldiger, als es meine Töchter bei mir sind.

„Du musst halt mehr unternehmen. Trau dich doch. Was soll schon passieren?", fordere ich meine Mutter auf, wissend, dass es sinnlos ist. Sie wird nicht aufspringen und in den Park laufen. Sie wird mich vorwurfsvoll anschauen und sagen: „Ich bin so schwach. Warum nur?"

Und es wird ein weiterer Tag vergangen sein, an dem nichts passiert ist. Doch jeder Tag bringt eine neue Chance …

Aber das ist wieder nur so ein alberner Kalenderspruch.

Das Krankenhaus

Scheußlich hier, so altmodisch und verdreckt. Der Boden pickt richtig", mit diesen Worten betreten wir die Station des Krankenhauses. Und mit diesen Worten empfängt meine Mutter die Schwester, die zur Aufnahme herbeieilt. Ich schlupfe tiefer in meinen Mantel und versuche, mit meinen Augen Verständnis und Entschuldigung gleichzeitig zu signalisieren.

Die Aufnahme erfolgt schnell und professionell. Eine mehrere Stunden dauernde Infusion, eine Art „Minichemo", soll eine Entzündung im Körper eindämmen und die Schmerzen reduzieren. Dazu sind zwei Tage Krankenhausaufenthalt notwendig.

Niemals hätte sich meine Mutter dazu bereiterklärt, wenn die Schmerzen nicht unerträglich gewesen wären. Ihr Arzt kennt sie nur zu genau. „Sie soll auf keinen Fall abschwellende, entzündungshemmende Mittel schlucken, sonst kommt sie wieder nicht her", lautet seine Anweisung, und ich bemühe mich. Bemühe mich, den Empfehlungen des Arztes zu folgen, die Medikation quasi zu überwachen, ohne ihr Misstrauen zu wecken. Denn hätte sie gewusst, dass Tablette X ihr kurzfristig Linderung verschafft, sie hätte sie sofort geschluckt, um dann triumphierend darauf hinzuweisen, dass die Infusion unnötig ist.

Nun sind wir da. In der Annahme, es sei natürlich ein Einbettzimmer, reißt sie die Tür des ihr zugewiesenen Raums auf, ohne anzuklopfen. Mit dem Rücken zu uns steht ein zartes, junges Mädchen im klassischen Spitalsoutfit, das Hemdchen klafft hinten weit auseinander. Beide erschrecken zutiefst.

„Na sehr fein, kein Einzelzimmer und das Bett hier bei der Tür", murmelt Mutter. Ich entschuldige mich tausendmal. Bei dem Mädchen natürlich.

Die Erstuntersuchungen und das Aufnahmeprozedere lenken Mutter gut ab. Ich fahre nach Hause.

Nachmittags dann der erste Anruf. „Ich läute hier jetzt schon seit zehn Minuten und keine der Schwestern kommt." Auf ihre Zeitangaben kann man sich nicht wirklich verlassen. („Ich war seit einer Woche nicht auf der Straße." – „Ich habe drei Tage nichts gegessen." – „Das Telefon klingelt nie mehr.")

„Wenn ich jetzt aus dem Bett fallen würde, würde ich die ganze Nacht auf dem Boden liegen. – Auf diesem dreckigen Boden", fügt sie noch schnell hinzu.

„Mutter, was soll ich jetzt am anderen Ende der Stadt machen? Es kommt sicher bald wer."

Nächster Anruf. „Dieses Mädchen schaut ununterbrochen fern. Und wenn der Fernseher ausgeschaltet ist, dann hört sie laute Musik. Das halte ich nicht aus."

„Mutter, du kannst dich sicher einigen mit ihr. Versuche es."

Die Infusion verläuft gut. Die Schmerzen sind weg. Euphorischer Anruf am nächsten Tag. „Es geht mir wunderbar. Kommt mich holen." Und dann erzählt sie noch, dass es so nett war mit der Zimmergenossin, der jungen Frau türkischer Abstammung. Sie haben sich so gut verstanden und sie war froh, nicht allein im Zimmer zu sein. Und überhaupt … sie fühle sich im Grunde sehr einsam zu Hause.

Auf den Entlassungspapieren steht, dass sie einseitig ernährt sei, mangelernährt. Das erschreckt mich sehr und ruft sofort massive Schuldgefühle hervor. Für die Angstzustände, die sie dort dem Psychiater geschildert hat, hat sie Lavendelöl statt ihrer Psychopharmaka bekommen. Und die Tabletten, die als Einschlafhilfe gedacht waren, sind durch andere Schlafmittel ersetzt worden.

Ihr ohnehin sehr sensibler Körper reagiert auf diese Umstellung natürlich prompt. Die erste Nacht daheim ist katastrophal. Alles zurück auf Anfang? Sie ist ein Häufchen Elend und ich fasse einen Entschluss: Es gibt ein wunderschönes Sanatorium am Stadtrand, die haben sogar Zimmer frei. Dort soll sie aufgepäppelt werden, wieder gehen lernen, damit sie im Frühling im Park unter blühenden Bäumen spazieren gehen kann.

„Ich geh' nur dir zuliebe", flüstert sie, sichtbar erleichtert.

Das ist mir recht.

Die Gurke

Vier Stunden und sechzehn Minuten. Genauso lange glaube ich, alles richtig gemacht zu haben. Vier Stunden und sechzehn Minuten lang bin ich überzeugt, meine Mutter ist in besten Händen, erholt sich, um nach zwei Wochen gestärkt wieder nach Hause zu gehen.

„Kein Luxus, nur Preis." Das ist die erste Nachricht, die ich am Handy erhalte, und die mich Schlimmeres befürchten lässt.

„Kann Lustspiel über Zimmernachbarin drehen", ist die Nummer zwei.

Sie hat sich für ein Zweibettzimmer entschieden, nach den guten Erfahrungen mit dem jungen Mädchen im öffentlichen Spital. Die Sanatoriumsleitung findet, es ist eine gute Idee, die Frau Magister zu einer weiteren Frau Magister zu legen. Aber die beiden „Alpha-Weibchen" halten es nur eine Nacht miteinander aus.

Am nächsten Morgen bekomme ich einen Anruf von der Sanatoriumsleitung: „Ihre Frau Mutter ist sehr aufgeregt. Es hat in der Nacht einen Streit gegeben. Sie will verlegt werden."

Ich sitze in dem wirklich schönen Kaffeehaus auf dem Dach des Sanatoriums, mit einem Rundumblick auf die Stadt.

„So eine Gurk'n", fängt Mutter an, ihrem Ärger Luft zu machen. „Dreht mitten in der Nacht alle Lichter auf und reißt mich mit Gebrüll aus dem Tiefschlaf. Ich hätte die Nachtkasterln verschoben."

Ich muss grinsen, denn wir haben Mutters Nachtkästchen wirklich verschoben, weil es links von ihrem Bett stand und sie aber gewohnt ist, rechts nach Tabletten, Buch und Brille zu greifen. Ich habe die ungeschriebene Rangordnung missachtet: Wer als Erster im Zimmer liegt, hat das Sagen.

Offensichtlich haben sich die beiden Damen mitten in der Nacht nichts geschenkt. Die Nachtschwestern mussten eingreifen. Und ab sofort will Mutter ein Einzelzimmer.

Das neue Zimmer ist geräumig, mit einem schönen Blick auf die alten Bäume gegenüber. Aber sie ist eben wieder allein. Wie schon zu Hause. Hier ist aber der große Vorteil: Sie kann ohne Hindernisse jederzeit in das Kaffeehaus. Das nützen wir aus. „Schau, da sitzt sie, die Frau Magister", zeigt sie mir ihre Kontrahentin. „So schöne Haare – sicher eine Perücke. Und niemals ist sie 97 Jahre alt …" Ich freue mich, dass sie offensichtlich wieder am Leben teilnimmt.

Auch körperlich soll es aufwärts gehen: Der Physiotherapeut kommt zweimal am Tag und animiert sie zur Bewegung. Sie ist noch sehr schwach, aber willig. Und das ist das Wichtigste.

Ich bin erleichtert. Sie lobt das Essen, bemängelt die löchrige Bettwäsche, verschenkt Schokolade an die Pfleger und ist vom Arzt begeistert.

„Du packst es nicht", lautet eine weitere Textnachricht am Abend. „Seit zwei Tagen warte ich in diesem Luxusetablissement auf einen Flaschenöffner für mein alkoholfreies Bier vor dem Schlafengehen. Heute wieder nix."

Ja, das sind die Probleme, die ich gerne höre!

Die Entscheidung

W eißt du", sagt meine Mutter, „keine Tochter ist verpflichtet, ihre Mutter zu pflegen. Aber als Kind hast du schon die Verantwortung und die Pflicht, dafür zu sorgen, dass die Eltern rundum versorgt sind". – Ja, eh.

„Bei deiner Großmutter hab' ich das gut organisiert", kommt schnell als Nachsatz. Was soll ich antworten? Dass ihre Mutter äußerst pflegeleicht war? Mit großem Gleichmut, fast schon phlegmatisch, hat sie alles hingenommen, jeden dankbar akzeptiert, der für sie da war. Solange sie täglich ihre Topfenknödel essen durfte und das Fernsehbild dank Zimmerantenne nicht grieselte.

„Gut", sage ich entschlossen und mit Ironie in der Stimme. „Gut, dann kommt die Frau Hermi nun jeden Tag und hilft dir bei allem, wo du Hilfe brauchst."

Schweigen. Die Frau Hermi gibt es natürlich (noch) nicht. Aber sowas schwebt mir vor. Eine Frau Hermi, die kommt, wäscht, ein bisschen putzt, kocht und vielleicht auch noch mit Mutter Karten spielt und spazieren geht.

Das braucht sie nicht, sagt Mutter. Und das will sie auch nicht.

Drei Wochen war meine Mutter im Sanatorium und nun ist sie wieder daheim. Drei Wochen hat sie, laut eigenen Angaben, gut gegessen, hat geturnt, geplaudert mit den Mitbewohnern, ihre Runden im Kaffeehaus gedreht, so manches Kartenspiel gewonnen und sich sicher und geborgen gefühlt.

„Ich möchte in ein betreutes Wohnheim ziehen", sagt sie mit großem Ernst.

„Mutter ins Heim? Niemals!", schreit mein Bruder. „Da gibt sie sich auf. Das ist das Ende."

Während ich eine lachende Kartenrunde, Kaffee und Kuchen vor Augen habe, sieht er Linoleumböden, Rollator-Fuhrparks und volle Windeleimer. Wir haben beide recht, und auch wieder nicht.

Ich schaue ein paar Häuser an. Sie heißen „Fortuna", „Wie daheim" oder auch „Residenzen". Mit dem Namen bekommt man gleich das Preisschild dazu. Ich kann und ich möchte nicht entscheiden. Sie müsste mitgehen. Das will sie aber nicht. Unlösbar. Soll sie nun einige Zeit allein zu Hause bleiben, um dann den Vorteil einer betreuten Wohneinrichtung zu sehen? Oder gewöhnt sie sich wieder an den Alltag, den wir ihr daheim organisieren?

Natürlich ist ihre Wohnung schön. Natürlich ist die Terrasse ein Traum, wenn erst der Frühling und der Sommer kommen. Aber wenn ich tief in mich hineinhöre, muss ich zugeben, dass ich die letzten drei Wochen sehr fein fand. Zu wissen, Mutter ist versorgt und wenn ich komme, bin ich wirklich nur zu Besuch, war eine große Erleichterung.

Natürlich kann ich meinen Bruder verstehen, der allein beim Wort „Heim" schon Magenweh bekommt. Fast fühle ich mich in die „Abschieberolle" gedrängt. Als wollte ich sie loswerden. Aber nicht sie will ich loswerden. Die Verantwortung, die Sorge will ich loswerden. Die tägliche Angst um sie.

Sie will in ein betreutes Wohnen. Das hat sie selbst gesagt. Aber will sie das morgen noch? Nächste Woche? Will sie das wirklich, oder ist es so, wie mein Bruder befürchtet: Jetzt im Moment der Einsamkeit und Hilflosigkeit stellt sie es sich gut vor, aber wenn sie einmal dort ist, alle Brücken hinter ihr abgebrochen sind, die Wohnung weg ist, empfindet sie es dann als Endstation?

Dann ist es die Endstation. Die letzte Wohnstation in einem Leben. Gibt sie dann auf oder arrangiert sie sich? Beim eigenen Kind trifft man täglich auch weitgreifende Entscheidungen. Aber bei meiner Mutter habe ich eine starke Hemmung etwas in Gang zu setzen, das unwiderruflich ein Schritt weg von mir ist. So empfinde ich es: ein Schritt weg.

Die Hundertjährige

E s fühlt sich an wie ein erster Schultag: Dutzende Kinder gehen an der Hand ihrer Eltern auf das große Tor zu. Nein, halt – dutzende Kinder nehmen ihre Eltern an der Hand und gehen auf das große Tor zu.

Ein neues, großes Gebäude, fremde Menschen, die Spannung und Nervosität sind spürbar. Und über allem schweben die klassischen Fragen: Werde ich den Ansprüchen gerecht? Schaffe ich alles, was verlangt wird? Werde ich neue Freunde finden?

Es ist aber kein erster Schultag, es ist der erste Besuch in einem Pflegeheim, in einem betreuten Wohnheim, in einem Haus für Senioren. Es reihen sich Rollstuhl an Rollator, und wer besonders mutig und fit ist, braucht nicht einmal einen Stock. Daneben stehen, ein bisschen unsicher und verloren, die Kinder. Die erwachsenen Kinder, die zum Teil auch schon betagt sind.

Es wird kaum geschwätzt, höchstens geflüstert. Diszipliniert und fast in einer „Zweierreihe" fährt die Rollstuhl-Truppe als Erstes mit dem Lift ins oberste Stockwerk zur Besichtigung eines leeren Zimmers. Dann kommen die „Rollatoren" dran (das sind wir) und zum Schluss die rüstigen Rentner ohne Stock und Beiwerk.

Mutter manövriert sehr konzentriert ihr „Wagerl" durch die Menschenmenge, die sich vor dem leeren Appartement versammelt hat. Einmal darf man durchgehen. Einen Blick durchs Fenster aus dem siebten Stock werfen, kurz ins Bad an der Miniküche vorbei. Alles ist sehr hell, glatt, neu.

„Ich könnte die Kommode von der Tante Mitzi da ins Eck stellen", höre ich, „dem Horst sein Bett passt da nie hinein", tönt es von der anderen Seite.

Meine Mutter sagt nichts, rollt schweigend aus dem Zimmer auf den hellen Gang. Die Mimik täuscht. Sie ist angetan, hat sich das alles viel kleiner vorgestellt. Nach der Besichtigung geht es zum „Kleinen Saal", dem Veranstaltungsort, wo dann Fragen beantwortet werden. Die Fragen sind zahlreich und sehr unterschiedlich, großteils werden sie jedoch nicht von den zukünftigen Bewohnern gestellt, sondern von deren Begleitpersonen.

Die Kosten. Wichtiger Punkt. Aber nicht so wichtig wie die Mahlzeiten. Ob es eh immer einen Kaffee und Kuchen nachmittags gäbe, ob das Abendessen im Zimmer eingenommen werden könne, und ob man sich das Menü aussuchen darf oder ob es vorgegeben wird.

Die Vorschriften sind schnell abgehakt. Darunter die wichtigste: kein Übernachtungsbesuch im Zimmer. „Seniorensex, ade", höre ich neben mir („Mutter!"), und der ganze kleine Saal lacht.

Die Atmosphäre entspannt sich und man geht leise tratschend zur vorbereiteten Jause in den Speisesaal. „Niemals esse ich hier. Das lasse ich mir alles ins Zimmer bringen." Das ist der einzige Kommentar meiner Mutter, gerade so, als ob sie schon fix hier wohnen würde.

Ich muss zugeben: Der Speisesaal ist auch wirklich ein Schwachpunkt in dem Ganzen. Riesig, unübersichtlich, grell beleuchtet, straßenseitig im Erdgeschoß, mit dem Flair einer Schulkantine, aber bemüht edel gemacht.

Wir setzen uns zu einer Dame mit Hut und ihrer Großnichte, wie wir später erfahren. Ein nettes Paar. Die alte Dame redet ohne Punkt und Komma, schiebt sich dabei ununterbrochen trockenen Kuchen in den Mund und der Kuchen sprüht dann mit Spucke angereichert in Form von Bröseln aus ihrem Mund direkt in meine Kaffeetasse. So ist das eben.

Meine Mutter lauscht dem Redefluss, beeindruckt von der Tatsache, dass diese redselige, kleine, alte Dame fünfzehn Jahre älter ist als sie selbst, also fast hundert Jahre alt.

Auf dem Heimweg besprechen wir das Für und Wider dieser Institution.

Nun liegen die Unterlagen bei Mutter am Tisch. Man muss ein Formular ausfüllen, den Grund angeben, warum man nicht mehr allein leben möchte, warum man nicht mehr allein leben kann. Die Stadt prüft dann die Bedürftigkeit und verteilt die Zimmer.

Das kann Wochen, aber auch Monate dauern. Das Formular haben wir noch nicht ausgefüllt. Wir haben auch noch nicht wirklich darüber gesprochen. Über diese Bedürftigkeit.

Die Terrasse

„Ich seh' mich nicht."

„Ich seh' mich nicht, dort zwischen all den Rollstühlen und all den Rollatoren. Ich seh' mich nicht mit all den fast Hundertjährigen im Speisesaal sitzen und auch nicht mit den Alten dort im Garten. Ich seh' mich im siebten Stock beim Fenster rausschauen, allein, niemand, der da ist, um mich an die frische Luft zu holen."

Mutter hat entschieden. Es ist ein klassischer Ansatz vieler älterer Mitmenschen, wenn es um einschlägige Betreuungseinrichtungen geht: „Das ist noch nichts für mich, dort sind ja nur alte Leute."

Wir steuern auf eine sonnige Bank im Stadtpark zu. Seit Monaten ist sie nicht so weit gegangen. Entschlossenheit demonstrierend stapft sie tapfer durch die Stadt. Sie hat ein bisschen Angst vor mir, vor dem Gespräch.

„Wenn es mich zu sehr aufregt, hören wir sofort auf zu reden", versichert sie sich vorher. Doch es geht ganz gut. Sie erzählt von ihren Ängsten und Sorgen, das „Heim" betreffend, und dass sie zu Hause bleiben will.

Langsam und behutsam gehen wir gemeinsam auf jeden Punkt ein, besprechen das Für und Wider eines Aufenthalts in einem betreuten Wohnheim und vergleichen es mit dem Zuhausebleiben.

Die Mahlzeiten in einer Institution, mehrmals täglich frisch serviert, sind doch ein großes Plus: „Essen ist nicht mehr so wichtig", kontert sie, „das Bisserl, das ich esse, mach ich mir selber."

Aber was ist mit der Gesellschaft, den Mitbewohnern, dem Kartenspiel, kurz, der Unterhaltung? „Jeden Tag die gleichen alten Gesichter, das halt ich nicht aus. Ich bin gern allein."

Mutter hat entschieden. Jetzt habe ich die Chance, doch ein paar Änderungen vorzunehmen. Ich stelle Bedingungen. Ich möchte fixe Tage. Bis jetzt hat sie das klar abgelehnt, weil sie mich jederzeit und immer auf Abruf verfügbar haben will. Und es muss mehr von der offiziellen Betreuung her, nicht bloß zweimal eine Stunde in der Woche. Und wir sollten das mit dem Einkaufen und Spazierengehen klar einteilen, damit sie auch wirklich gut versorgt ist.

„Weißt du, ich möchte doch daheimbleiben. Ich habe so eine schöne, große Terrasse, und jetzt, wo es wieder wärmer wird, ist die Gold wert."

Dazu muss ich anmerken: Einen Tag nach unserem Gespräch musste der gesamte Holzboden der Terrasse entfernt werden, wegen eines Wasserschadens in der Wohnung darunter. Zwei Tage schleppten Arbeiter das morsche Holz durch die Wohnung. Meine Mutter hatte selbst den Tischler und den Spengler organisiert und sich mit einer nicht sehr entgegenkommenden Hausverwaltung auseinandergesetzt. Zurzeit lebt sie umgeben von acht großen Pflanzentrögen, drei hochgewachsenen Koniferen und etlichen kleineren Blumenkisterln, die natürlich die Wege mit dem Rollator blockieren. Die Terrasse ist ein unbegehbarer Schutthaufen und wird es auch noch länger bleiben. Sie hat zwar Herzschmerzen, Kopfweh, Schwindel und ist eigenen Angaben zufolge ständig dem Zusammenbruch nahe, aber ich sehe alles viel entspannter als noch vor wenigen Wochen. Sie schafft mehr, als ich mir gedacht hätte.

Die Sitzung

S ie hat es zugegeben. Mutter hat endlich zugegeben, dass
sie von mir anderes erwartet als von meinem Bruder.

So hat sie es natürlich nicht ausgedrückt. So etwas sagt
man nicht gerade heraus, so etwas wird in Metaphern um-
schrieben, in schwammige Entschuldigungen gehüllt und
trotzdem punktgenau abgefeuert.

„Er kann diese Woche wirklich nicht bei mir vorbeikommen. Es ist so viel im Büro zu tun. Eine Sitzung jagt die

andere. Ich brauche dringend Medikamente vom Hausarzt. Könntest du nicht …?"

Büro? Sitzung? Ich habe eine kranke Enkeltochter vom Kindergarten vorzeitig abzuholen, einen pubertierenden Sohn mit gewaltigem Appetit, der aus der Schule kommt, einen alten Hund, der stündlich auf die Gasse muss, weil sonst ein Malheur am Teppich passiert, und den Rohentwurf einer Bachelorarbeit am Küchentisch, die ich durchzulesen versprochen habe. Das soll aber neben Einkäufen, Kochen, Waschen und Bügeln passieren. Und mein in ihrem Nebenhaus allein lebender, kinderloser Bruder hat eine Sitzung.

„Er hat letztes Wochenende schon so viel Freizeit für mich geopfert. Ich kann ihn jetzt wirklich nicht belästigen."

Geopfert? Belästigen? Es sind die Mütter, die die künftigen Männer erziehen. So hat es zumindest in den Anfängen des Feminismus geheißen. Und sie wollten Söhne, die nicht die patriarchalen Züge ihrer Väter hatten. Sie wollten ihre Buben zu verständnisvollen, sensiblen aufmerksamen Mitmenschen erziehen. Das ist ja in vielen Fällen gelungen.

Es sind aber auch diese Mütter, die dann im hohen Alter wieder in die alten Rollenbilder zurückfallen. Wo der Sohn dann bei seiner Arbeit nicht gestört werden darf, wie einst der Vater, und die Tochter jederzeit zur Verfügung stehen soll.

Ich mache es ja gerne. Ich hab' sie unter meine Fittiche genommen wie meine vier Kinder (und den alten Hund). Ich sorge mich um ihr Wohlergehen und schaue darauf, dass sie nicht nur warme Mahlzeiten hat, sondern auch lustige Geschichten erzählt bekommt, die sie von ihrem Alltag ablenken.

Aber manchmal erinnere ich mich daran, dass meine Mutter nicht nur eine Tochter, sondern auch einen Sohn hat. Und wenn ich wieder eine Woche praktisch im Alleingang bestritten habe, frage ich mich, ob man meinen Bruder nicht doch belästigen könnte, ob er sich nicht opfern könnte …

Das Dreiviertel

Der Hausarzt sperrt ohne Ankündigung plötzlich seine Ordination zu. Für immer.

Der Pharmakonzern stellt die Herstellung ihres Medikaments ein. Ohne Ersatz.

Das schon ausgestellte Rezept kann von niemandem eingelöst werden, weil alle Familienmitglieder ausfallen. Gleichzeitig und grundlos.

Der Lift im Haus wird repariert und steht still. Für sehr

lange. Sie könnte also gar nicht selbst zum Arzt, auch wenn sie wollte.

Und am Samstag um kurz nach zwölf Uhr, wenn alle Apotheken schließen, drückt sie sicher die letzte Tablette aus der Verpackung.

Klingt alles sehr unrealistisch? Das sind aber einige der größten Ängste, die meine Mutter quälen. Ängste, ausgelöst durch die enorme Abhängigkeit von ihrem Medikament und durch das Gefühl, die Dinge, auch ihr Leben, nicht mehr wirklich in der Hand zu haben.

Um sie etwas zu entspannen, haben wir alle paar Wochen so etwas wie ein Ritual. Wir drücken alle vorhandenen Pillen aus ihrer Verpackung, häufen sie auf den Tisch und zählen durch, wie lange sie damit noch auskommt, ehe ein neues Rezept fällig ist. Sie muss fünfmal am Tag eine Dreivierteltablette nehmen.

Wir sortieren die blassrosaroten und daumennagelgroßen Dinger mit den breiten Bruchstellen hin und her, zählen mehrmals durch. Ist ja eine einfache Bruchrechnung.

Wir schieben, zählen und lachen: Fünf mal drei Viertel, wie viele Ganze sind das? Erst alles in Vierteln rechnen. Oder sollen wir es aufzeichnen? Wir versichern uns gegenseitig, dass Mathematik nie unsere Stärke gewesen ist, und wie schrecklich peinlich das im Grunde ist.

Wir kommen auf die abenteuerlichsten Zahlen: zwei und zwei Viertel, vier Ganze und ein Dreiviertel. Alles in halbe Tabletten brechen und dann zählen ist vielleicht leichter …

Zwei der kostbaren Medikamente rollen unters Sofa, und somit alles wieder zurück an den Start. Sie möchte den Überblick behalten und will ganz sicher sein, nicht plötzlich ohne Tabletten dazustehen. Aber es muss ja nicht nur die Stückzahl bis zum nächsten Rezept stimmen. Es muss auch eine eiserne Reserve von einigen Pillen vorhanden sein. Denn ihre Angst, plötzlich ohne Medikamente zu sein, die ist ja real.

Sie hat sich selbst ein Sicherheitsnetz von Personen gespannt, bestehend aus Familie, Nachbarin und Haushaltshilfe, die für sie zum Arzt gehen können. Nur leider sind wir untereinander nicht vernetzt. So ist es passiert, dass ihre nette, aber auch sehr betagte Nachbarin das letzte Rezept geholt hat und seitdem die E-Card verschwunden ist. Man muss diese Sache sehr vorsichtig angehen, weil niemand verärgert oder gekränkt werden darf. Das heißt, man darf nicht direkt nach dem Verbleib der E-Card fragen. Die Wohnung wird durchsucht, der Müll ausgeleert, die Manteltaschen umgedreht und schließlich rufe ich bei der Gebietskrankenkassa an und bestelle eine neue.

Das ist fast das Schlimmste: das Warten auf die neue Karte. Daran hat sie nicht gedacht. Das reiht sich nun zu den eingangs erwähnten Ängsten dazu. Da hilft kein Pillenzählen mehr. Das ist jetzt die schlimmste Wirklichkeit.

Der Plan

Meine Töchter haben einen Plan. Ich bin gerührt. Ich finde es berührend, dass sich jemand um mich sorgt, dass sich jemand um meine Probleme kümmert, die ja eigentlich gar nicht meine sind, sondern erst zu meinen gemacht wurden. Probleme, die ich erst zu meinen gemacht habe, müsste es richtig heißen.

Meine Töchter haben einen Plan, um mich zu entlasten. Während ich auf einem kurzen Auslandaufenthalt mit meinem Mann war, haben sie sich verstärkt um ihre Großmutter gekümmert und sind der Meinung, dass ich mir viel zu viel antue.

Sie strotzen vor Optimismus und sind der festen Überzeugung, dass man dort loslassen müsse, wo ich angeblich klammere, dass man die Augen schließen müsse, wo ich mit weit offenen Pupillen Mutters Ängste in mich aufnehme. Es sei alles „ganz easy und gechillt" gewesen. Sie waren telefonisch immer erreichbar, und für Unterhaltung habe ohnehin die betagte Nachbarin gesorgt.

Es ist unglaublich. Ich war eine Zeit lang weg und die Sonne ist trotzdem jeden Morgen aufgegangen. Ich war nicht da und meine Mutter ist täglich aus dem Bett gestiegen. Sie ist nicht verhungert und nur zweimal gestürzt, aber nicht sehr schlimm.

Bei meinem ersten Besuch fällt sie mir federleicht in die Arme. Sie sei so beschäftigt gewesen mit der Terrassen-Trockenlegung, mit Handwerkern, mit unzähligen Telefonaten und Rechnungen. Ob ich denn nicht stolz auf sie sei, dass sie das alles ohne meine Hilfe geschafft hat?

Ich bin stolz. Ich bin stolz auf sie, während ich die blaugrünlich schillernden Hämatome eincreme, die von ihrem Sturz stammen. Ich bin stolz auf sie, während ich zuschaue, wie sie meine mitgebrachten Fleischlaibchen verputzt, als ob sie tagelang nichts gegessen hätte.

Ja, denke ich mir beim Schreiben der langen Einkaufs-

und Besorgungsliste, ja, sie hat das wirklich gut ohne mich hinbekommen.

Alles hat funktioniert, ohne wirklich dramatische Ereignisse. Vielleicht haben meine Töchter recht und ich nehme alles zu schwer. Vielleicht fehlt mir die Leichtigkeit. Vielleicht nehme ich die Betreuung meiner Mutter zu ernst.

Meine Töchter haben einen Plan. Und während ich auf diesen Plan warte, muss ich eine neue Matratze für das eine, kleinere Krankenbett besorgen („Ich hab' zweimal den Neurologen angerufen, weil diese Matratze, die du gekauft hast, so hart ist, dass ich unerträgliche Nackenschmerzen bekommen habe.") und habe eine lautstarke Auseinandersetzung mit der Leitstelle der Betreuung („ Du hast diesen Pflegevertrag unterschrieben." – „Aber Mutter, das ist deine Unterschrift hier." – „Blödsinn, du hast das ausgemacht und jetzt will ich es anders"). Und ich soll alle Gäste, die zum Teil weit anreisen, um ihr an ihrem runden Geburtstag zu gratulieren, absagen.

Ich spüre, mir fehlt die Leichtigkeit. Aber meine Töchter haben einen Plan.

Der Widerspruch

Ich kann nicht."

Dieser Satz kann viel bedeuten: Ich schaffe es nicht. Ich mag nicht. Ich sollte, aber ich habe keine Lust. Es ist mir nicht so wichtig, dass ich mich bemühen möchte.

Wenn meine Mutter „Ich kann nicht" sagt, zerschlägt sie mit diesen drei Worten jede Hoffnung, ihr entgegenkommen zu können, sie zu unterstützen, ihr eine Freude zu bereiten.

Wenn sie es sagt, dann klingt es in meinen Ohren immer wie: „Ich möchte, dass ihr seht, wie schlecht es mir geht. Ihr sollt merken, dass ich schrecklich arm dran bin. Und deswegen kann ich nicht ins Kino, in die Ausstellung, in den Stadtpark ... oder auch nur aufstehen."

Ich habe dann zwei Möglichkeiten, nein, eigentlich drei. Ich könnte sagen: „Bemüh dich bitte, schau, es wird schon irgendwie gehen." Das habe ich schon probiert, dann sagt sie: „Du weißt ja nicht, wie ich mich bemühe, du hast ja keine Ahnung." Oder ich weise leise, zum wiederholten Male auf einen Rollstuhl hin, mit dem sich längere Strecken problemlos bewältigen ließen. „Niemals", ist die Antwort. Oder ich werde ungehalten und werfe ihr vor, sich gehen zu lassen. Das kommt aber auch nicht gut an, weil ganz tief vergrabenen in ihr große Angst vor Disziplinlosigkeit herrscht. Und das ist ein großer Widerspruch, an dem sie leidet und in den sie uns alle mit hineinzieht.

Rückblende. Während Schulkollegen mit Kopfweh, Bauchweh oder Prüfungsängsten viele Fehlstunden sammelten, galten für meinen Bruder und mich strenge Richtlinien: Von der Schule daheimzubleiben war nur möglich bei hohem Fieber und sichtbarem Verfall. Dann galt Fernsehverbot und der Tee wurde mit den Worten „Mach es dir aber nicht zu gemütlich, morgen bist du wieder in der Schule" auf das Nachtkästchen geknallt. Das hatte sehr unterschiedliche Auswirkungen auf unser Erwachsenenleben. Während mein Bruder sich bei 37,1 Grad tagelang im Bett verkriecht, schleppe ich mich mit schmerzenden Lungen und vollgepumpt mit fiebersenkenden Mitteln zum Laternenfest in den Kindergarten.

„Ich kann nicht", habe ich nie von meiner Mutter gehört, und deswegen irritiert es mich auch heute so, wenn sie es sagt. Von einer Frau, der Disziplin über alles ging. Die aus einem strengen Elternhaus kam, wo Lesen tagsüber verpönt war, und wo der Charakter eines Menschen daran gemessen wurde, wie er bei Tisch saß.

Es ist heute, im hohen Alter, ihr gutes Recht zu sagen: „Ich kann nicht." Wenn ich es bloß ernst nehmen könnte. Ich sehe, es geht ihr besser, wenn sie im Stadtpark die blühenden Bäume gesehen hat. Ich weiß, sie ist gerührt und glücklich nach einem Nachmittag mit ihren Urenkeln. Ich spüre ihre Befriedigung nach einem interessanten Zeitungsartikel, einer anregenden Diskussion mit Freunden. Aber vor alldem steht erst einmal fett: „Ich kann nicht." Und manchmal habe ich einfach nicht die Kraft dazu, diese Hürde für sie zu überwinden.

Die Schwestern

Schwestern. Sie können die besten Freundinnen sein oder die härtesten Feindinnen. Sie wissen alles, und das, was sie nicht wissen, denken sie sich aus. Dieser Familienbund ist für immer, ob man es zulässt oder nicht, ob man nebeneinander wohnt oder meilenweit getrennt lebt. Und doch gilt: Wer die Ursprungsfamilie frühzeitig verlässt und dabei auch noch erfolgreich ist, der wird bestraft.

Aber meist nicht sofort. Oft zeigt sich das Ausmaß der gegenseitigen Verletzungen erst viele Jahrzehnte später.

Nämlich dann, wenn man mehr zurück als nach vorne blickt und fest davon überzeugt ist, die einzige und wahre Geborgenheit in der Kindheitsfamilie zu finden.

Mutter ist weggegangen. Dass sie ihr Glück gefunden hat, wird sie bestreiten. Zwei Schwestern sind zurückgeblieben und ja, man muss es schon sagen, von ihr jahrzehntelang vernachlässigt worden. Jetzt sind sie alle alt. Sie haben die Kriegsjahre überlebt, die Nachkriegsjahre, das letzte Jahrhundert, die Nullerjahre. Sie haben geheiratet, Kinder bekommen, Häuser gebaut und Urlaube gemacht. Zwei haben alles gemeinsam erlebt und nur eine, meine Mutter, hat diesen inneren Kreis schon sehr früh verlassen.

Jetzt wird sie dafür bestraft. Glaubt sie. Ein runder Geburtstag ist ein Fest, das man im Kreise lieber Mitmenschen feiern soll. Ab einem gewissen Alter wird der Freundeskreis kleiner. Wie gut, dass man immer auf die Familie zurückgreifen kann. Aber wie sage ich meiner Mutter, dass ihre zwei Schwestern nicht mit ihr feiern wollen? Oh, die beiden drücken es anders aus. Natürlich gratulieren sie ihrer großen Schwester an ihrem runden Geburtstag, aber sicher nicht an dem Tag selbst und persönlich. Selbstverständlich trinken sie ein Gläschen auf sie und mit ihr, aber erst irgendwann. Wann, das können sie noch nicht sagen. In ihrem Alter kann man nicht planen, da weiß man nie, was passiert.

Die beiden Schwestern wohnen Haus an Haus in einer ländlichen Umgebung. Meine Mutter, die Älteste, hat sich für ein Leben in der Großstadt entschieden. Zwischen ihnen liegen ein Berg und eine Autobahn. Das wäre an und für sich nicht unüberwindbar.

Aber die innere Entfernung ist offenbar einfach zu groß – und so werden meine Kinder und ich allein mit Mutter feiern. Ich bin stellvertretend für meine Mutter enttäuscht.

Schwestern ... Man bleibt ein Leben lang verbunden. Und vielleicht sehe ich diese Verbundenheit nicht, vielleicht urteile ich nur nach Äußerlichkeiten.

„Geh schau, die zwei haben sich immer schon vor der Stadt gefürchtet. Glaubst du, das ist jetzt im Alter weniger geworden?", entschuldigt meine Mutter ihre um einiges jüngeren Schwestern erstaunlich gelassen. „Wir können froh sein, wenn sie zu meinem Begräbnis kommen. Obwohl, ich hab' dann wahrscheinlich nicht mehr viel davon."

Das Fahrrad

Der Bürgermeister hat gratuliert. Nicht in einer Delegation mit Blumen und Fotografen, sondern nur mit einer hübschen Karte samt Stadtwahrzeichen. „Für ein Foto mit ihm in der Bezirkszeitung hätte ich 100 Jahre werden müssen", sagt Mutter und freut sich über die Glückwünsche per Post.

Auch ihre Bank hat gratuliert. Der Friseur hat eine Geburtstagskarte geschickt, wie auch der Fleischhauer um die

Ecke. Sogar „ihre" Zeitung, die sie abonniert hat, denkt an ihren runden Festtag und schickt beste Wünsche.

Das Telefon läutet oft und im Minutentakt trudeln die SMS auf ihrem kleinen, alten Handy ein. Die für sie schönste und längste Nachricht kommt vom Enkel aus Afrika. „Dass er meinen Geburtstag nicht vergessen hat, ist unglaublich. Das sind die allerschönsten Glückwünsche", sagt Mutter und strahlt ihre drei anwesenden Enkelkinder an, die ihren Geburtstag auch nicht vergessen haben, obwohl sie nicht in Afrika sind.

Es war schon immer schwer, sie zu beschenken. Die Erwartungshaltung war groß, die Enttäuschung hat sie kaum verborgen. „Na geh, blau hab' ich gesagt, niemals rot, das weißt du doch", oder: „Ganz klein wollte ich es, doch nicht sooo."

Aber ich muss zugeben: Mit dem Alter ist sie auch milder geworden mit der Kritik an ihren Geschenken und es kommt mir manchmal vor, als freue sie sich sogar. Zumindest hat sie ihr Mienenspiel besser im Griff als in jungen Jahren. Trotzdem ist es immer sehr schwer, etwas für sie zu finden. Etwas, das sie vielleicht brauchen könnte und das ihr Freude macht.

Da ihre Geschenke auch nicht so viel Platz einnehmen sollten (sie möchte Ballast loswerden in der Wohnung, nicht ansammeln) schenke ich ihr seit Jahren Bücher, die ich dann wieder zurücknehme. So gesehen sind es keine richtigen Geschenke.

Diesmal freue ich mich besonders: Wir haben gemeinsam die Liebe zu einem Autor aus den 70er Jahren quasi wiederentdeckt. Er wurde immer als „Trivialschriftsteller" abgekanzelt. Wir finden das ungerechtfertigt, und so habe ich das Internet durchstöbert, um die im Buchhandel vergriffenen Bände zu bestellen.

Auch die drei Enkel haben eine gute Idee: ein Fahrrad. Ein „Sessel- Fahrrad". Das ist ein Gestell mit Pedalen daran, das man unter jeden Sessel stellen kann. Man radelt im Sitzen, bequem vor dem Fernseher oder unter dem Esstisch. Das Gestell ist leicht handhabbar und zusammenklappbar. Die Beinmuskulatur wird gestärkt. Mutter soll trainieren, um dann doch wieder einmal auf die Straße gehen zu können.

Es gefällt ihr. Sie probiert es gleich vor dem Fernsehsessel aus. Es tritt sich leicht und angenehm. Wir sitzen um sie herum und schauen ihr beim Treten zu. Dann hat sie genug, schiebt das Teil mit dem Fuß beiseite und steht auf. Sie versucht ihren Rollator zu erreichen, fädelt aber mit dem rechten Fuß in das Fahrradgestell ein. Wir fangen sie im letzten Moment, kurz vor dem Aufprall, zu viert auf.

„Na bravo. Tödlicher Sturz von einem bodennahen, seniorengerechten Fitnessgerät", lautet ihr Kommentar. Und: „Danke für das Geschenk."

Die Königin

E s war einmal eine Prinzessin, die beweisen musste, eine richtige Prinzessin zu sein. Und sie bestand den Test: Sie spürte die Erbse durch viele, viele Matratzen hindurch und wurde Königin.

Es war einmal – meine Mutter, die durch viele, viele Matratzen hindurch ständig eine Erbse spürte. Und es war ihre Tochter, die den Test nie bestand, und deswegen nie Königin wurde.

Wer jemals für jemand anderen eine Matratze gekauft hat, wird das Problem sofort ahnen. Es ist sehr schwer.

Es ist praktisch unmöglich, für meine Mutter eine Matratze zu kaufen.

Die Geschichte hat eigentlich mit dem zweiten Krankenbett begonnen. Das eine, das erste Krankenbett, steht im Wohnzimmer und ist eine Spezialanfertigung aus einem Bundesland. Die Matratze hat eine Sondergröße. Und sie ist relativ weich und bequem.

Da Mutter in der warmen, hellen Jahreszeit nicht ständig im Wohnzimmer schlafen möchte, haben wir ein zweites Bett mit all der Ausstattung, die für eine Kranke nötig ist, besorgt. Für das kleine, gemütliche Schlafzimmer.

Natürlich kommt auch eine Matratze dazu. Die ist mittelweich bis hart und eingepackt in eine dicke, undurchlässige Plastikschicht. Liegen darauf ist ungefähr so, wie man sich ein Wasserbett vorstellt, nur ohne Wasser und nicht so nachgiebig. Bei jeder Umdrehung knirscht und quietscht es, als ob man auf tausend Einkaufssackerln liegen würde. Das passt gar nicht.

Ich habe den Auftrag, eine weiche, aber nicht zu weiche Matratze zu besorgen. In der Stadt ist das nicht möglich. Diverse Möbelhäuser sind nur mit dem Auto erreichbar. Und Mutter kann nicht mit. Unmöglich.

Und so verbringe ich einen Nachmittag in unzähligen

fremden Betten liegend. Die sechste Matratze aus einem bekannten Möbelhaus nehme ich dann. Fast hätte ich vergessen: Auch die Höhe ist relevant. Das Krankenbett lässt sich nicht bodennah senken. Ist die Matratze zu hoch, kommt sie mit den Füssen nicht hinunter und kann nicht aufstehen. Zehn Zentimeter Maximum. Das schränkt die Auswahl erheblich ein.

Ich schleppe die feste Rolle in ihre Wohnung und breite sie über dem Bett aus. Laut Anleitung braucht es einige Stunden, bis sie entrollt und das Bett benutzbar ist. Dann kommt ein schnelles Urteil: „Steinhart."

Jeder Besucher muss sich, von der Eingangstür kommend, auf das Bett legen. Und laut Mutter bestätigen alle, was sie sofort wusste: Die Matratze ist steinhart.

Matratzen kann man nicht umtauschen, da sie Hygieneartikel sind. Aber man kann eine Auflage dazu kaufen. Und das will sie: eine weiche Auflage auf die von mir total falsch eingeschätzte, weil steinharte Matratze.

Ich schleppe mich wieder durch diverse Möbelhäuser, um eine weiche, nicht zu hohe Schaumstoffauflage zu erwerben. Wieder liege ich in unzähligen Betten, wälze mich auf diversen Auflagen und habe bald überhaupt kein Gefühl mehr, was hart und was weich ist. Und so verlasse ich mich auf eine kompetente Verkäuferin, packe die feste Rolle und schleppe sie in Mutters Schlafzimmer.

Und wer glaubt, da liegt jetzt keine Erbse mehr darunter, die drückt, täuscht sich. Es sind unzählige Erbsen, ja die Auflage samt Matratze dürfte mit harten, kleinen Erbsen gefüllt sein. Meine Mutter, die Königin, spürt jede einzelne – die ganze Nacht hindurch.

Der Schnaps

Wann ist mir erstmals der Gedanke gekommen, dass mir ein Stamperl klare Flüssigkeit vor einem Besuch bei Mutter helfen könnte, diesen ruhiger und gelassener anzugehen? War es in dem Moment, in dem mir dämmerte, dass die Koliken, die sie (und uns alle) über eine Woche in Atem gehalten hatten, nur das Resultat von exzessivem Genuss eines „verdauungsfördernden" Tees waren?

Oder war es an jenem Nachmittag, an dem sich der alte Hund am Schwanz verletzt hatte, schmerzlos aber blutend, und mit jedem freudigen Schwanzwedeln einen Blutregen aus lauter kleinsten, feinsten Tröpfchen über den Parkettboden sprühte? Während ich bei der Entscheidung zögerte, ob ich erst das schnell trocknende Blut aufwischen oder den Hund verbinden sollte, kam der hilfeschreiende Anruf: „Bitte komm sofort, es ist schrecklich!"

Ich packte den alten Hund, wickelte eine Socke um die noch blutende Schwanzspitze, fixierte das Ganze mit einem Haargummi und raste hin. Da saß meine Mutter verzweifelt im Sessel, links und rechts in die Seiten gepackt zwei Wärmflaschen. Beide erkaltet. Und das Schreckliche war: Sie bekam den Verschluss nicht auf und konnte die Wärmflaschen nicht entleeren und erneut heiß befüllen. Das ist wirklich ein Problem, das verstehe ich. Noch besser hätte ich es verstanden, wenn ich vorher ein Stamperl gekippt hätte …

Eindeutig mehr als ein Beruhigungsschluck wäre einige Zeit später nötig gewesen: Es kam ein Anruf, wie wir ihn alle fürchten. Sie hatte Atemnot, Herzrasen, eine Panikattacke wie nie zuvor. Mehr war am Telefon nicht herauszubekommen. Ich stürzte mich in Schuhe und Mantel und flog durch die Gassen zu ihr hin. Kaum war ich dort, hatte sich das Herz beruhigt, sie atmete hörbar langsamer. „Ich glaube, ich habe mich nur einsam gefühlt", lautete die Selbstdiagnose.

Diese Situation gibt es in etlichen Variationen. Mein Bruder führt, laut eigenen Angaben, eine „Dreiviertel-Wochenendbeziehung". Auch er hat alles liegen und stehen lassen, um nach einem Hilferuf von Mutter zu ihr zu eilen. „Ich glaube, mir war langweilig", war die Antwort und ein kostbares Viertel seines Wochenendes war weg.

Wie geht man damit um? Wann weiß ich, es ist nicht Langeweile, sondern echte Not? Und ist Langeweile nicht auch oft „echte" Not? Werden einem nicht Krankheit, Unzulänglichkeit und Schmerzen erst in der Einsamkeit so richtig bewusst? Wenn man ohne Ablenkung im Zimmer sitzt und über alles nachdenkt? Oder wenn einfachste Handgriffe wie das Öffnen von Gegenständen zu einem echten Problem werden? Sachen, die man in jungen Jahren ohne Nachdenken fast nebenbei tut, wachsen zu unbezwingbaren Bergen heran.

Ich möchte meine Mutter unterstützen, so gut es geht. Aber es fehlt mir im Alltag manchmal an der nötigen Gelassenheit. Ich reagiere auf ihre Hilferufe zwar prompt, bin aber dann ungeduldiger, als ich es sein möchte, wenn sich die Situation (für mich) als nicht so lebensbedrohlich darstellt. Dann wieder habe ich ein schlechtes Gewissen, weil das, was sie im Moment des Hilferufes fühlt, ja real und wirklich ist, und nur das sollte ich berücksichtigen. Dass ich ab und zu ein Stamperl brauchen könnte, ist wahr. Dass ich dann aber trotzdem keines kippe, ist auch wahr.

Die Partnerin

Mutter will gebeten werden. Ich soll bitten und betteln und ihr alle Vorzüge gleichzeitig aufzählen: Wie gut es ihr täte, doch in den Park zu gehen, einen Besuch zu machen, eine Einladung anzunehmen.

Ich rutsche vor ihr auf den Knien. Und wenn meine Nase bodennah an ihren Hausschuhen klebt, dann endlich winkt sie ab. Die Augen geschlossen, mit einer leichten, kleinen Bewegung aus dem Handgelenk heraus, die Queen Elisabeth vor Neid erblassen lassen würde. Unmöglich. Das schafft sie nie. Wie ich jemals auf die Idee kommen würde. Die Schmerzen sind zu stark, gerade heute fühlt sie sich besonders schlecht, ich wüsste doch gar nicht, wie es ihr wirklich geht …

Die Argumente, die Ausreden ließen sich noch endlos fortsetzen. Ich wende mich ab, resigniert, mit dem Gefühl, versagt zu haben. Ich habe es nicht geschafft. Ich konnte sie nicht genug motivieren. Nun wird sie allein, einsam und traurig den restlichen Tag verbringen. Und sie wird mir versichern, wie sehr sie es selbst bedauere, wie schwer ihr die Entscheidung gefallen sei, natürlich würde sie wirklich so gerne, aber leider …

Dann ist meistens der Punkt erreicht, an dem ich sie fast ein bisschen böse verlasse. Mutter hat gewonnen. Aber um welchen Preis? Ich fühle mich schlecht und ihr Triumph, wieder ihre Krankheit in den Vordergrund gerückt zu haben, kann doch nicht so groß sein.

Aber ich lerne. Und ich versuche eine andere Taktik. Ich bitte nicht mehr. Wenn ein Ereignis ansteht, ein Besuch oder auch nur ein kleiner Spaziergang geplant ist, dann frage ich sie, ich frage nur einmal: „Kommst du mit?" Erwartungsgemäß folgt ein forsches „Nein, unmöglich". Wenn ich dann einfach die Achsel zucke und bemüht teilnahmslos „gut" sage, dann zuckt sie leicht zusammen. „Meinst du, ich sollte mitkommen, glaubst du, ich schaffe das?", fragt sie dann. Aber so leicht lasse ich sie nicht davonkommen.

„Wie du willst, keine Ahnung", ist nicht die Antwort, die sie hören möchte. Und es ist erstaunlich. Fast jedes Mal geht die Rechnung auf. Aber ich muss aufpassen. Ich muss mich selbst ein wenig kontrollieren. Ich merke, dass auch ich manipuliere. Habe ich genug Zeit und Nerven, mich ihr ganz zu widmen, dann spiele ich die Gleichgültige, um sie zu motivieren. Ist es mir ein wenig zu mühsam, dann bitte und bettle ich, weil dann kann ich sicher sein, sie schlägt alles aus.

Hat sie mein Spiel durchschaut? Spielt sie mit? Das wäre mir sehr recht. Denn sie möchte genauso wenig manipuliert werden wie ich. Wir sollten gleichwertige Partnerinnen sein bei diesem Spiel.

Die Sommerfrische

Es gibt ein Haus in den Bergen, in dem Mutter schon als
Kind ihre Ferien verbracht hat. Meine Enkel sind nun
die fünfte Generation, die dort, eingebettet unter Fichten
und Tannen, im Sommer Pilze und Beeren, im Winter Eis
und Schnee genießen.

Jeden Sommer fahre ich mit Kind und Kegel, sprich, mit
dem alten Hund, meiner Mutter und den Kindern in dieses
Haus. Die Älteste und die Jüngsten haben gleiche Essens-

und Schlafenszeiten, die Tage sind angenehm kühl, das Haus ist groß genug für alle.

Aber die Idylle ist nicht immer ungetrübt: Spannungen unter den Generationen ziehen oft unvermutet auf wie Berggewitter und lassen die Luft erst flirren und dann kochen.

Am häufigsten kracht es zwischen meiner Mutter und meiner ältesten Tochter. Beide buhlen um meine Aufmerksamkeit. Das sollte mich freuen, ich flüchte dann aber in den Wald.

Dieses Jahr ist alles anders. Der jüngste Sohn pfeift auf Pilze ohne Internet, der ältere bleibt in Afrika, die Töchter orientieren sich neu im Leben. Bleiben die Enkel, der Hund und – Mutter.

Sie möchte nicht mit. Erstmals hätte sie die Gelegenheit, meine ungeteilte Aufmerksamkeit zu haben. Das Haus ihrer Kindheit mit all den Erzählungen und Erinnerungen wartet. Aber sie möchte nicht mit.

Ich verstehe, dass in einem gewissen Alter ein Ortswechsel mühsam und unerwünscht ist, aber sie kennt das Haus länger als ich. Ich verstehe, dass man in einem gewissen Alter auf Bequemlichkeit nicht verzichten möchte, aber sogar ein Krankenbett ließe sich da leihweise hinauftransportieren.

Was das Schlimmste sei, das passieren könne, bohre ich weiter. Ein Sturz? Wir wären schneller im nächsten Krankenhaus als die Rettung in der Großstadt.

Ich werde viele Wochen nicht da sein. „Schrecklich, ich leide jetzt schon."

„Dann komm doch mit! Wenn du nicht willst, findest du immer einen Grund, wenn du willst, findest du einen Weg", zitiere ich. Na, mehr hab' ich nicht gebraucht. Sie antwortet: „Deine Kalendersprüche kannst du dir aufmalen …"

Ich finde nicht heraus, warum sie nicht mitmöchte. Erst als sie zaghaft andeutet: „Was soll ich denn da oben den ganzen Tag machen?", dämmert es mir ein wenig.

Gibt es Lebensabschnittshäuser, so wie es Lebensabschnittspartner gibt? Hat jedes Alter seine unterschiedlichen Bedürfnisse? Bin ich ganz allein mit meiner Vorstellung von einem generationsübergreifenden Leben, zumindest in den Ferien?

„Was soll ich den ganzen Tag da oben machen?" – Gute Frage, zu der mir viele Antworten einfallen: den Enkeln vorlesen, mit mir kochen, tratschen, in der Sonne sitzen, nicht allein sein. Das ist ihr zu wenig.

Ich bin zwei Autostunden entfernt. Die Versorgung ist organisiert und im Notfall bin ich schnell da. Aber Langeweile wird ab sofort kein Notfall mehr sein.

Das Bemühen

„Es geht mir wirklich schlecht. Aber das fällt hier wieder einmal niemandem auf." Mutter ist völlig fertig bei unserem täglichen Telefonat. Während ich noch in den Bergen verweile, geben sich Betreuer und Besucher die Türklinke in die Hand. Es dürfte alles gut funktionieren. Sie hat genug Abwechslung. Jeden Tag besucht sie jemand. Bei den Heimhilfen ist zwar die Abwechslung besonders groß (wegen der Urlaubszeit kommt jedes Mal eine andere), aber auf Freunde und Familie ist Verlass.

Für mich ist es schwer, die total konträren Erzählungen am Telefon zusammenzubringen. Ihr Schwiegersohn berichtet von einem sehr netten französischen Frühstück bei ihr auf der Dachterrasse: „Ich habe Croissants gebracht, sie hat Milchkaffee in Schälchen serviert. Es war wunderbar. Wir sind in der Sonne gesessen und haben über alles Mögliche geplaudert."

„Wie hat sie ausgeschaut?", hake ich nach. „Kommt sie dir schwach vor? Gebrechlich?"

Mir wird versichert, alles sei so wie immer. Sie sehe blendend aus, sei fröhlich und sehr interessiert an allem. Allerdings habe er sie ja nur sitzend gesehen. Daher könnte es schon sein, dass Mutter schwach auf den Beinen ist.

„Grauenhaft", höre ich von ihr etwas später, „grauenhaft geht es mir. Das Frühstück war sehr nett, aber ich habe mich kaum auf den Beinen halten können."

„Aber du bist ja eh nur gesessen", bemerke ich.

Schwindlig sei ihr gewesen, übel und überhaupt, ein Mann sehe ja nie, wenn es einem wirklich schlecht geht. Das wisse sie aus Erfahrung.

Die jüngste Enkelin sagt über sie nach einem Nachmittag bei ihr, Mutter sei müde gewesen und habe um Erzählungen gebeten, damit sie selbst nur zuhören muss, weil sie sich zu schwach für lange Gespräche fühlte.

Es sei ein bisschen anstrengend gewesen, weil sie nie zu

Wort kam. Die heutige Jugend sei nur mit sich selbst beschäftigt, sagt meine Mutter über denselben Nachmittag.

Und was sage ich? Ich höre ständig zwei komplett unterschiedliche Geschichten. Einerseits versichern mir ihre Besucher, alles sei in Ordnung, sie sei guter Dinge, kein Grund zur Sorge.

Spreche ich mit meiner Mutter, so höre ich nur, wie schwach sie ist, wie schlecht es ihr geht und wie sehr sie sich zusammenreißen muss, um überhaupt jeden Besuch zu überstehen. Mir hilft das in der Ferne nicht wirklich.

Ich weiß, sie freut sich und bemüht sich für jeden lieben Menschen, der Zeit mit ihr verbringt. Diese lieben Menschen versichern mir dann wiederum jedes Mal, dass ich keinen Grund zur Sorge habe. Alles läuft gut.

Mutter will mir zweierlei zu verstehen geben: Dass sie sich eh bemühe, aber dass sie wirklich krank sei – und, dass ich eindeutig schon zu lange weg sei.

Soll ich die täglichen Telefonate einstellen? Ich bleibe nach jedem Gespräch ratlos zurück. Alle bemühen sich, und vor lauter Bemühen weiß ich erst recht nicht, wie es meiner Mutter wirklich geht.

Der Notfallknopf

Das Festnetz, das Mobiltelefon und der Notfallknopf. Die wichtigen drei Dinge im Leben eines älteren, alleinstehenden Menschen.

Aber braucht man gleich drei Rettungsleinen nach draußen? Auf Mutters Festnetz rufen außer einigen Behörden nur mehr eine sparsame Verwandte und die Nachbarin einen Stock darunter an. Das könnte man doch, auch aus Kostengründen, abmelden.

Das Handy hat sie immer griffbereit. Mal liegt es vor ihr auf dem Rollator, neben dem Bett auf dem Nachtkästchen oder auf dem Esstisch. Sie hat ein klobiges, älteres Modell. Das Display ist winzig und zum Nachrichtenschreiben müssen die kleinen Buchstabenknöpfe für den jeweiligen Buchstaben mehrmals gedrückt werden.

Der Dritte im Bunde, der Notfallknopf, ist (O-Ton Mutter) „das hässlichste Stück im ganzen Haushalt": mausgrau mit hellrotem Knopf und einem flexiblen Plastikarmband. Es gehört auf das Handgelenk. „Viel zu schwer und hinderlich." Demonstrativ hebt Mutter ihren Arm, langsam und mühevoll. Niemals würde sie es, wie von mir einmal vorgeschlagen, stattdessen an einer Kette um den Hals tragen. „Mühlstein" war noch das Netteste, was ihr dazu eingefallen ist.

Dieser Knopf war noch nie in Gebrauch. Gott sei Dank. Bis auf die Kontrollanrufe der zuständigen Institution und einige Fehlalarme ist er still. Sie hat ihn noch nie gedrückt, obwohl es schon einige Anlässe gegeben hätte. Denn da ist erst einmal die grundsätzliche Furcht davor, dass sie sofort nach Knopfdruck ins Spital eingeliefert werden würde.

Der Hauptgrund aber ist: Das Armband ist niemals dort, wo sie gerade ist. Würde sie im Badezimmer stürzen, läge das Teil unberührt im Wohnzimmer. Stolperte sie im Vorraum – der Knopf wäre außer Reichweite im Schlafzimmer.

„Das ist nur für euch, zur Absicherung", denkt sie laut. Jetzt haben wir das Festnetz abgemeldet. Plötzlich kommt Bewegung in den grauen Notfallknopf. Er blinkt und piepst. Ein Lautsprecher aktiviert sich, ruft schrill in den Raum. Ein Notfall?

Daran habe ich nicht gedacht: Dieser Alarm ist mit dem Festnetz gekoppelt. Abmelden? Jetzt gesellt sich eine neue Furcht zu all den andern dazu: „Wenn ich das abmelde, werde ich dann wirklich stürzen, mich verletzten, ohne dass ich Hilfe rufen kann?"

Wir haben eine Lösung gefunden: ein neues Handy mit einer Notfalltaste. Ein Seniorenhandy. Handlich, praktisch und mit einem kleinen Knopf auf der Rückseite, der auf Knopfdruck eingespeicherte Nummern automatisch abruft. Ich bin von der Idee begeistert und suche ein entsprechendes Modell aus. Es soll dem alten Gerät möglichst ähnlich sein, damit sie damit gut zurechtkommt. Froh trage ich den Einkauf zu meiner Mutter.

Wir packen das Telefon gemeinsam aus. Es sieht gleich aus wie ihr altes Handy. Total gleich. Es ist das gleiche Modell. Ich drehe ihr altes Gerät um und sehe den Notfallknopf auf der Rückseite. Da war er schon immer. Hat immer schon darauf gewartet, aktiviert zu werden.

Nun hat sie kein Festnetz mehr, keinen Notfallknopf, aber dafür zwei identische Handys. Die Frage ist: Wenn ich nun auf einem der Telefone diese Notfalltaste aktiviere, drückt sie die dann auch? Ohne Angst „sofort" ins Krankenhaus eingeliefert zu werden? Oder war wieder einmal eh alles für die Katz'?

Der Notfallknopf 2

Diese kurze Geschichte erzählt, warum mein Enkel besonders gerne Telefonanrufe seiner Uroma entgegennimmt, und warum ich nun ständig einsatzbereit bin:

Der abbestellte Festnetzapparat liegt mit dem Kabel aufgerollt im Vorzimmer, abholbereit. Das graue Kästchen des Notfallknopfes samt Armband ebenfalls. Nun ist das neue der beiden identischen Handymodelle aktiviert. Die kleine, schwarze Taste mit dem Herz darauf („Wozu ein Herz? Ist ja kein Defibrillator.") auf der Rückseite des Telefons sollte nun funktionieren.

Zwei Nummern werden auf Knopfdruck gewählt: meine Telefonnummer, und wenn ich nicht erreichbar bin, wird automatisch mein Bruder angewählt.

Das müssen wir natürlich sofort ausprobieren. Meine Mutter drückt den Notfallknopf. Ein lautes Fiepsen, und dann setzt ein schriller Alarm ein, einem Spielzeug-Rettungsauto nicht unähnlich: Tatü Tatü Tata …

„Zum Tote Aufwecken", merkt Mutter an, nachdem sie sich vom Schreck erholt hat.

Meine Nummer sollte nun angewählt werden. Auf meinem Handy ertönt ein leises „Pling", eine Nachricht ist eingegangen. In diesem SMS steht: „Sie erhalten einen Notruf. Bitte dreimal die Taste 0 drücken, damit die Verbindung hergestellt ist."

Ich suche nervös am Display nach der Tastenfunktion. Da kommt auch schon Mutters Probe-Notruf herein. Ich soll nun schnell abheben und dreimal die Taste 0 drücken.

Zu langsam. Während ich noch die Tasten auf meinem Handy suche, wird der Anruf an meinen Bruder weitergeleitet, der auch sofort abhebt. Das scheint ja gut zu funktionieren. Er glaubt, es ist ein Notfall und beruhigt sich kaum.

Aber wahrscheinlich beruhigt er sich nur deshalb so langsam, weil ich hysterisch ins Telefon brülle, was das für ein bescheuertes System ist: Mutter, die den Notfallknopf drückt, bekommt einen lauten, schrillen Alarm, und ich, die den Notfall empfangen soll, ein leises „Pling". Das kann doch nicht wahr sein.

Ich suche ein einschlägiges Geschäft auf, erkläre das Problem und stoße auf Unverständnis. Der Alarm sei ja laut und deutlich … Ja eh – aber auf dem Telefon, auf dem der Alarm gedrückt wird! Diese Person weiß ja sowieso, dass sie Alarm geschlagen hat, da braucht es doch kein „Tatü Tata". Ich würde das benötigen, damit ich den Anruf von all den anderen Telefonanrufen unterscheiden könne und überhaupt, in der Nacht, wie soll ich da jemals schnell reagieren, wenn ich das gar nicht mitbekomme?

„Der Alarm ist deswegen so laut", erklärt mir der junge Mann, der hoffentlich noch lange keine Sorge mit seiner Mutter haben wird, „damit die Person, die ihn gedrückt hat, weiß, dass sie ihn gedrückt hat."

Hä?

„Ja, sie könnte ja in Ohnmacht fallen und kurz vorher hört sie, dass die Rettung naht."

Ein fingiertes Rettungsgeräusch zur Beruhigung des in Ohnmacht Fallenden?

Nur wie soll jemals tatsächlich die Rettung kommen, wenn die mit dem Notfallknopf Verbundenen gar nicht hören, dass da ein Einsatz erforderlich ist? Weil das Notfall-

SMS und auch der darauffolgende Anruf nicht laut genug sind?

Ich muss ein eigenes Klingelgeräusch für Mutters Anrufe installieren. Am besten eines mit einem Rettungsgeräusch. Leider gibt es keine eigene Ton-Einstellung nur für die Notfalltaste.

Deshalb ertönt nun, zur großen Freude meines Enkels, jedes Mal ein lautes „Tatü Tata", wenn seine Uroma anruft. Und ich bin gefühlsmäßig ständig einsatzbereit.

Das Gewissen

I ch ärgere mich so über meinen Mann." – „Sei froh, du hast wenigstens noch einen."

„Jetzt muss ich extra so weit zum Umtausch zurück in dieses Geschäft laufen." – „Ach, du kannst zumindest irgendwohin laufen."

„Diese Schlamperei der anderen zu Hause halte ich fast nicht aus." – „Naja, schau, sei froh, dass überhaupt wer da ist."

„Ich fühl mich nicht gut, ich glaube, ich habe eine Erkältung." – „Aber geh, das Bisserl Schnupfen, das ist ja nix. Du hast ja keine Ahnung, wie schlecht ich mich fühle."

Ich habe keine Chance.

Es geht hier nicht ums Gewinnen. Oder doch? Was immer ich meiner Mutter erzähle, es ist nicht relevant. Es ist nichts im Vergleich zu ihren Sorgen. Es ist bedeutungslos im Gegensatz zu ihren wirklich existenziellen Bedrohungen.

Aber ich sehne mich nach der Mutter, der ich erzählen kann, was mich bedrückt. Mit der ich besprechen kann, welche Lösungen es gäbe und wie ich mich verhalten könnte bei diesem oder jenem Problem.

Das haben wir immer so gemacht. Und auch, wenn sie, wie sie sagt, ihr Leben oft nicht im Griff hatte, für andere konnte sie immer ein Patentrezept aus dem Ärmel schütteln. Sie war eine aufmerksame Zuhörerin und gute Ratgeberin. Das hat sich grundlegend geändert. Es interessiert sie nicht mehr, welchen Ballast andere mit sich herumschleppen. Ihr eigener ist ihr schwer genug.

„Heute gehe ich ins Theater." – „Theater, da war ich so lange nicht mehr", und die Sehnsucht in ihrer Stimme lässt meine Vorfreude auf den Abend schwinden.

„Ich bin zum Essen eingeladen." – „Na, du gehst aber wirklich oft aus", und schon setze ich zu einer unnötigen Rechtfertigung an.

„Wir fahren aufs Land." – „Ach, die Natur. Einmal noch einen Wald sehen ...", und schon habe ich die Lust auf den Ausflug verloren.

Es ist ja nicht so, dass sie nicht mitkönnte. Ins Theater, aufs Land. Aber die Angst überlagert die Sehnsucht.

Ich habe ein schlechtes Gewissen. Ich fühle mich schuldig, noch ins Theater gehen zu können, in Ausstellungen und ins Kaffeehaus, und nicht immer daheim zu sein.

Und es endet damit, dass ich ihr gar nichts mehr erzähle. „Was machst du morgen?" – „Naja, putzen und waschen", lautet mein Versuch, ihr meinen Alltag möglichst langweilig zu beschreiben.

„Mutter, wenn ich auch nicht bei dir bin, so bin ich trotzdem da. Und wenn ich auch nicht alles erzähle, ich höre dir trotzdem immer zu." Das sage und das meine ich auch so.

Aber sooft ich es auch sage, es ist nicht relevant, es bleibt ungehört. Ich glaube, ich sollte einfach immer da sein und alles erzählen, damit sie die Möglichkeit hat, bedauernd auf ihr jetziges Leben schauen zu können.

Die Nachbarin

Ich glaube, das macht sie absichtlich." Meine Mutter ist erbost. Ihre Nachbarin schwärmt von Rosen im Park, von der kleinen Konditorei, in der sie bis zur Sperrstunde saß, weil es so nett und gemütlich war.

„Sie weiß, ich kann das Haus nicht verlassen, und dann erzählt sie noch, sie sei drei Stunden spazieren gegangen. Man muss nur wollen, dann geht das schon – sagt sie auch noch zu mir!"

Mutter dreht mit weichen Knien einige Runden auf ihrer Terrasse und beruhigt sich kaum.

„Diese Selbstgefälligkeit … sie sieht ja, dass es mir heute schlecht geht. Da muss sie mir ja nicht auf die Nase binden, wie toll sie es hat. Als ob sie mich extra quälen wollte."

Kann man im fortgeschrittenen Alter noch Freundschaften schließen?

Eigentlich freuen wir uns alle: Einen Stock unter ihr lebt auch eine Witwe, etwas älter und sehr rüstig. Die Annäherung ist zaghaft. Meine Mutter hat ja nicht immer im Haus gelebt. Sie ist erst vor einigen Jahren hingezogen. Die Witwe war immer schon da. Irgendwie haben sie sich gefunden. Ein Kaffee am Nachmittag, ein Kartenspiel am Abend. Es wird Neujahr zusammen gefeiert und auch an den Geburtstagen stößt man auf den anderen an.

Die Nachbarin schätzt die Terrasse. „Ich komm auf Kur zu dir hinauf", und Mutter freut sich über die Gesellschaft. Meistens. Denn das Verhältnis ist nicht konfliktfrei.

„Sie glaubt, nur weil ich in meinen Bewegungen langsam bin, bin ich auch im Kopf langsam, bin ich irgendwie blöd", lautet die Kritik meiner Mutter. Und sie resümiert: „Sie kennt mich ja nur krank."

Ständiger Diskussionspunkt ist die Anzahl der Medikamente, die Mutter einnimmt.

„Weißt du, da sieht sie, wie zittrig und panisch ich bin

und wie ich meine Tropfen suche, und dann sagt sie: „Na, ich würde nie was nehmen. Nicht einmal, wie mein Mann gestorben ist, hab' ich was geschluckt. Man muss sich halt einfach zusammenreißen."

Ein wunder Punkt. Vor ein paar Jahren noch hätte meine Mutter vielleicht auch so gesprochen.

Hat Freundschaft Bestand, wenn man sich erst alt und krank kennenlernt? Respektiert man seine neue Bekannte, auch wenn sie nicht in die Konditorei kann, wenn sie nicht stundenlang im Park mitflaniert?

Bringt man die gleiche Geduld auf, die man bei einer langjährigen Freundin hat, jemandem, mit dem man quasi zusammen altert?

Ein immer wiederkehrender Vorwurf meiner Mutter lautet, die Nachbarin wüsste ja gar nicht, was für ein Leben sie vorher gelebt hätte. Wie bunt und abwechslungsreich ihre Ehen und ihre Arbeit wirklich waren. Sie sehe sie nur schwach und bedürftig, so, wie sie vor ihrer Krankheit niemals war.

„Als ob sie spüren würde, da war einmal mehr, als jetzt zu sehen ist. Ich könnte ihr viel erzählen. Aber statt an meiner Vergangenheit Interesse zu zeigen, bohrt sie nur in meiner Gegenwart."

Und in dieser Gegenwart hat Mutter das Gefühl, nicht mithalten zu können.

Die Motivation

Im Gesicht fehlt mir ja nichts." Das ist Mutters regelmäßige Antwort auf Komplimente, wie gut sie aussehe. „Was die Leute immer glauben. Leider sieht mir niemand an der Nasenspitze an, wie schlecht es mir wirklich geht."

Sie sieht bezaubernd aus. Im hellgrauen Hosenanzug, die Haare zu einem Dutt gebunden, mit dezentem Schmuck, ähnelt sie mehr denn je einer bekannten Filmschauspielerin. Ich komme mir vor wie die arme, aber geduldete Verwandte neben ihr. Die Einkäufe schleppend, den Hund hinter mir herziehend, suche ich meine Brille, um ihren Schlüssel ins schmiedeeiserne Haustor stecken zu können. Das Tor ist schwer und einhändig fast nicht aufzudrücken. Den Rollator fest im Griff, zappelt sie neben mir, weil ich gar so langsam bin. Im Lift haben wir nicht alle Platz. Ich stapfe so schnell, wie es mit dem hüftleidenden Hund nur geht, die fünf Stockwerke hinauf, während sie oben schon ungeduldig vor der Wohnungstür wartet.

„In deinem Alter hab' ich vor dem Büro noch Tennis gespielt", kommentiert sie mein Schnaufen. Das sind wieder so Momente, in denen ich zweifle und auch verzweifle. Alles hinschmeißen und gehen? Aufstehen, Krönchen richten und lächeln, wie es in einem Spruch heißt. Nur, dass ich nicht diejenige mit dem Krönchen bin.

Aber ist mir nicht lieber, sie ist munter und schlagfertig als müde und leidend? Schlucke ich nicht lieber ihre Sprüche schweigend runter als an der Verzweiflung zu würgen, die mich befällt, wenn sie leidet?

Aber an manchen Tagen kann sie es wirklich wieder: Ihre tapfere, kürzlich operierte jüngste Schwester lässt sich von einer gemeinsamen Cousine zu einem Besuch bei meiner Mutter überreden. Cousine W. ist voller Tatendrang, voller Motivation und gewillt, alles aus dem Weg zu räumen, was diesen Besuch in Frage stellen könnte. Nach den langen Vorplanungen sind die Bustickets besorgt, der

Stadtplan samt U-Bahn-Karten griffbereit. Am Busbahnhof angekommen, stürzen sich die beiden Damen Hand in Hand mutig in die Großstadt. Und kommen tatsächlich bei Mutter an, mit erheiternden Familiengeschichten und Kuchen in der geräumigen Tasche. Mutter nimmt freudig alles Dargebotene an.

Ich möchte sie zu einem Gegenbesuch animieren. Sie müsste nicht mit dem Bus, sondern könnte bequem im Auto anreisen.

„Das schaff ich nicht", sagt sie. Zu meinem Einwurf, sogar ihre frisch operierte Schwester hätte das geschafft, meint sie nur: „Die hat ja auch Cousine W. Wenn ich nur ab und zu auch so jemanden hätte, der mich so lieb motiviert, könnte ich viel mehr unternehmen. Aber ich hab' ja niemanden ..."

Die Symbiose

Ich freue mich so. Mutter geht es heute gut.

Und während ich mich noch freue, erschrecke ich über meine Abhängigkeit. Geht es ihr gut, fühlt sie sich halbwegs wohl, ist sie munter und fast ein bisschen unternehmungslustig, bin ich glücklich. Ich möchte sie umarmen, abküssen, sie an der Hand nehmen und in den Sonnentag hinausführen.

Geht es ihr schlecht, jammert sie und beklagt ihr Dasein,

will ich nur weglaufen. Dabei sollte ich doch gerade dann für sie Halt und Stütze sein.

Wenn es ihr gut geht, ist sie offen für andere. Dann schafft sie es, aus ihrer Isolation herauszukommen und auf alte Freundinnen zuzugehen. Sie macht viele Telefonanrufe und trifft sogar Verabredungen. Sie liest aufmerksamer die Zeitungen, schafft ein ganzes Buch in kürzester Zeit und freut sich über ein gut zubereitetes Mittagsmahl.

Geht es ihr aber schlecht, dann ist alles dunkel. Und es ist oft dunkel, ja fast finster. Und dann zieht sie mich mit klammen Fingern mit hinein in ihre Finsternis. Sie hält mich fest, will mich nicht gehen lassen, hat Todesangst und sehnt trotzdem den Tod herbei.

Ich sitze an ihrem Bett, weil sie nicht aufstehen kann, und höre gefühlt viele Stunden ihren Beschwerden zu. Mittlerweile kann ich schon viel besser damit umgehen als vor einiger Zeit. Ich weiß ja, es geht vorüber. Ich erschrecke mich nicht mehr so sehr. Ich sage auch nicht mehr solche Sätze wie „Es wird schon wieder" oder „Jetzt ist aber genug".

Es ist nie genug und … es wird auch nicht wieder.

Aber ich fühle mich elend. Ich will meine Mutter lustig. Ich will keine kranke Mutter.

Zwei Tatsachen erstaunen mich immer wieder aufs Neue. Erstens: Man gewöhnt sich an alles. Das klingt jetzt sehr hart, aber ihre Ausflüge in die Finsternis stürzen mich nicht mehr so sehr in die Verzweiflung wie zu Beginn ihrer Krankheitsgeschichte.

Zweitens: Es erstaunt mich, wie stark meine Abhängigkeit ist. Es ist wie in frühester Kindheit, eine Symbiose zwischen Mutter und Kind. Geht es der Mutter gut, geht es dem Kind gut.

Erst war die Mutter für das Kind da, und jetzt soll ich für meine Mutter da sein. Uneingeschränkt.

Ich habe ein schlechtes Gewissen, weil ich es so nicht spüre. Ich fühle mich verantwortlich. Ich bemühe mich, sie zu versorgen, sie warm, satt und glücklich zu wissen. Aber bin ich wirklich für alles verantwortlich? Sie ist nicht hilflos wie ein Säugling. Sie könnte mehr, wenn sie wollte, wenn sie nicht wüsste, dass ich da bin und alles für sie regle. Und ihre Launen und ihre täglichen Bedürfnisse aufnehme.

Und gleichzeitig bin ich abhängig. Wie eben ein Kind von seiner Mutter abhängig ist. Geht es ihr gut, bin ich froh. Ist ihre Stimme klar und fest, bin ich glücklich. Eine Symbiose, die dem Alter und der Zeit trotzt.

Der Feind

Es ist jetzt mehr als ein Jahrzehnt vergangen seit der niederschmetternden Diagnose. Vor über zehn Jahren hat die Welt sich aufgehört zu drehen. Blanke Angst hat sich in unserem Leben breitgemacht: Mutter ist krank. Todkrank.

Es gibt genau beschriebene Stadien, die fast jeder durchläuft, der so ein vernichtendes Urteil erfahren muss. Erst der Schock, dann der Zorn („Warum gerade ich?"), dann immer noch Wut, aber auf einer Verhandlungsbasis (mit der Hoffnung, es könnte sich noch etwas ändern), die

Depression – und zum Schluss die Akzeptanz des Unausweichlichen.

Meine Mutter war sehr lange in der Schockphase, die fast übergangslos in die Depression geglitten ist. Dazwischen ein bisschen Zorn. Ein wenig Wut. Aber mehr in Bezug auf die anderen, die unbeschwert weiterleben können. Da war viel von: „Wofür werde gerade ich so gestraft?" Bis zu: „Womit habe ich das nur verdient?"

In diesen Phasen haben wir kaum Zugang zu ihr. Sie führt einen endlosen Kampf gegen sich selbst und gegen ihren Körper, ist sich selbst der größte Feind und lässt sich keinen Raum für die innere Ruhe, die sie so dringend benötigen würde. Von der Akzeptanz ist sie noch weit entfernt.

Aber hieße akzeptieren nicht auch aufgeben? Ist aufgeben auch abschließen? Ist abschließen nicht das Ende?

Ihr größter Vorwurf an mich ist, dass ich mich in ihren Augen nicht einfühlen kann, dass ich nicht sehe, wie schlecht es ihr wirklich geht. Ich schaue meine Mutter an: Sie sieht gut aus. („Im Gesicht fehlt mir ja nichts!") Aber natürlich bemerke ich die körperliche Schwäche, die Steifheit der Gelenke, die langsamen Bewegungen. Ich weiß von den Schmerzen.

Die Erfahrung mit ihr hat uns aber alle gelehrt, nicht zu sehr darauf einzugehen. Der körperliche Zustand ist schlecht, aber wenn wir uns damit eingehend befassen, wird er noch schlechter. Das mag jetzt zynisch klingen, dennoch darf man nicht vergessen: Sie beobachtet sich sehr genau. Man könnte fast sagen, sie verbringt den größten Teil ihrer Zeit damit, sich selbst zu analysieren.

Bei jedem Besuch bekomme ich sozusagen ein Bulletin über ihren momentanen Zustand geliefert. Es ist auch gut und wichtig für sie, ihre Schmerzen, Ängste und Sorgen in Worte fassen zu können. Aber irgendwann im Laufe des Tages sollte damit Schluss sein. Ablenkung ist gefragt. Befassen wir uns zu intensiv mit ihrem Zustand, so verdrängt der „Zustand" alles andere, dann führt die Krankheit Regie. Dann ist sie unempfänglich für ein Leben außerhalb ihres eigenen Raumes, außerhalb ihres Körpers.

Aber wer bin ich, dass ich so über ihr Denken und ihre Gefühle spreche? Ihr vorschreibe, wie oft und wann sie jammern darf? Hat sie nicht das Recht, sich so lange und so intensiv mit ihrer Krankheit auseinanderzusetzen, wie sie möchte?

Es ist ihr Leben, um das sie weint.

Meine Verzweiflung lässt mich härter erscheinen, als ich es bin. Meine Angst kapselt auch meine Gefühle ein. Ich versuche, rational zu handeln und zu denken, bin aber voller Emotion.

Es ist meine Mama, um die ich weine.